Beth ha Chajim
Haus des ewigen Lebens

Ein Besuch auf dem Jüdischen Friedhof Elmshorn

Harald Kirschninck

Harald Kirschninck

Beth ha Chajim
Haus des ewigen Lebens

Ein Besuch auf dem Jüdischen Friedhof Elmshorn

Bibliografische Information der Deutschen Nationalbibliothek:
Die Deutsche Nationalbibliothek verzeichnet diese Publikation in der Deutschen Nationalbibliografie;
detaillierte bibliografische Daten sind im Internet über http://dnb.dnb.de abrufbar.

Illustration: **Harald Kirschninck**

Herstellung und Verlag: BoD – Books on Demand, Norderstedt

ISBN: 978-3-**7481-5700-7**

Inhaltsverzeichnis

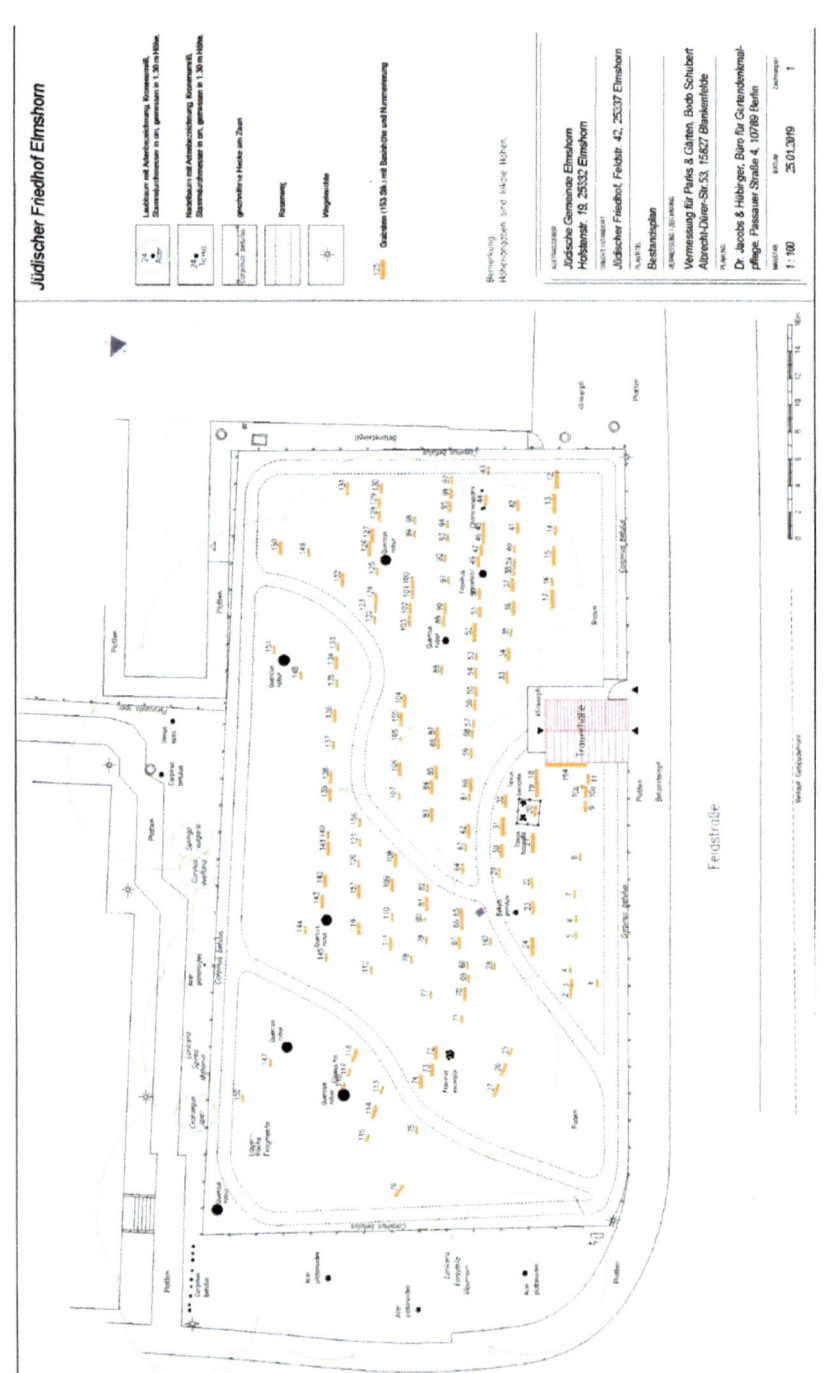

Bestandsplan Jüdi-
scher Friedhof Januar
2019. © Dr. Jacobs
und Hübinger. Berlin
und Bodo Schubert,
Blankenfelde.

Dieser Band stellt einen Ausschnitt aus den Büchern „Was können uns die Gräber erzählen? Biografien und Geschichten hinter den Grabsteinen des jüdischen Friedhofs in Elmshorn." dar.

Es werden hier 14 Grabsteine vorgestellt, deren Geschichte beispielhaft ist für die Geschichte der Juden in Elmshorn. Er ist gedacht als Begleitung für einen Besuch des Jüdischen Friedhofes. Es zeigt anhand der Beispiele, dass wir nicht nur Namen vorfinden, sondern Geschichten, die häufig spannend, aufwühlend, aber auch erschreckend sein können.

Der Friedhof existiert sein Beginn Ende des 17. Jahrhunderts, seit dem Beginn der Geschichte der Juden in Elmshorn mit dem Schutzbrief von Behrend Levi im Jahre 1685. Mit sehr viel Glück hat der Begräbnisplatz die Zeit des Nationalsozialismus überstanden. Es wurden sehr viele Anstrengungen unternommen, diesen Friedhof einzuebnen. Glücklicherweise sind alle Versuche gescheitert, so dass wir heute ein sehr gut erhaltenes Zeugnis für die Geschichte eines sehr wichtigen Teils von Elmshorn besitzen. Neben der Friedhofskapelle („Tahara-Haus") stehen noch circa 170 Grabsteine auf dem 1740qm großen Grundstück an der Feldstraße. Bis auf einige wenige Steine, deren Inschriften fehlen oder nicht mehr lesbar sind, sind alle Steine namentlich erfasst und viele Lücken (ohne) Steine geschlossen. Deren Geschichten bzw. Biografien wurden durch den Autor erforscht und in den Bänden „Was können uns die Gräber erzählen?" veröffentlicht.

Ich möchte mich an dieser Stelle bei Alan Gordon, der mir den Zugang zu wichtigen Dokumenten ermöglichte, bei Dr. Bert Sommer (bert.sommer@gmx.de) für die sehr schönen Schwarzweiß-Fotos der Grabstätten, Nathanja Hüttenmeister vom Steinheim-Institut für die Übersetzungen der Grabinschriften und Alisa Fuhlbrügge, Vorsitzende der Jüdischen Gemeinde in Elmshorn, bedanken. Der Friedhof wurde im Jahre 2018 gründlich restauriert, so dass die ehemaligen jüdischen Mitbewohner von Elmshorn nicht vergessen werden.

Die ersten Juden in Schleswig-Holstein ließen sich um das Jahr 1600 in Hamburg, Altona und Wandsbek nieder. Es hatte aber sicher schon vorher Verbindungen der christlichen Bevölkerung in Holstein mit ihnen gegeben, da ihr Haupterwerbszweig im Hausierhandel, d.h. im Verkauf ihrer Waren an der Haustür auf dem Lande, bestand. Die Juden waren nach ihrer Herkunft zu unterscheiden: Zum einen die Sepharden (1), zum anderen die Ashkenasen (2). Die Sepharden kamen aus Portugal. Sie hatten dort gezwungenermaßen den christlichen Glauben annehmen müssen. Im Zuge der Inquisition (3) flüchteten sie aus Portugal und kamen um 1600 auch nach Hamburg.
Zur gleichen Zeit wie die Sepharden waren auch die Ashkenasen nach Hamburg gekommen. Diese wurden auch als „Deutsche Juden" bezeichnet und stammten zum einen aus dem osteuropäischen (vor allem polnischen) Raum und zum anderen aus dem deutschen Reichsgebiet.

Bald nach der Erbauung von Glückstadt im Jahre 1616 ließen sich dort portugiesische Juden nieder. Christian IV. von Dänemark (4) versuchte 1629, die Sepharden verstärkt nach Glückstadt zu ziehen, indem er den Kauf-, Handels- und Handwerksleuten freie Religionsausübung zusicherte. Der Grund dafür lag sicher in der Absicht des Königs, Glückstadt zu einem großen Handelsplatz und Seehafen zu machen. Glückstadt sollte zu Hamburg in Konkurrenz treten. (5)
Da die Sepharden hierzu vom König wegen ihrer sehr guten Handelsbeziehungen nach ganz Europa gebraucht wurden, konnten sie gewisse Bedingungen stellen, die ihnen auch erfüllt wurden. (6)
Bis ungefähr 1850 war es den deutschen Juden nur erlaubt, sich in den Städten und Flecken Altona, Elmshorn, Friedrichstadt, Glückstadt, Kiel, Lübeck-Moisling und Wandsbek niederzulassen.
1649 ging das Amt Barmstedt mit dem Flecken Elmshorn aus gottorpischen Händen in den Besitz der Grafen von Rantzau über.
Bald nach der Übernahme wurde das Amt Barmstedt am 16. Nov. 1650 zur Reichsgrafschaft erhoben. Damit unterstand die Grafschaft direkt dem deutschen Kaiser in Wien. Als Reichsgraf gewann Christian v. Rantzau neue Vergünstigungen. So stand ihm u.a. das Recht zu: Asyl zu gewähren, Juden aufzunehmen, Hochgericht, Stock und Galgen zu setzen, er hatte also das Recht auf Leben und Tod.

Die neue Reichsgrafschaft Rantzau umfasste die beiden Kirchspiele Elmshorn und Barmstedt und 23 weitere kleine Dörfer. Ihre Größe betrug 4,5 Quadratmeilen oder nach 228 Quadratkilometer. (7) Die Krückau bildete die südliche Grenze, sodass der Flecken Elmshorn nördlich der Au zur Reichsgrafschaft und die Dörfer Vormstegen und Klostersande unter königlicher und klösterlicher Jurisdiktion lagen. Die Au war damit nicht nur Grenze eines Verwaltungsbezirks, sondern auch eine politische. Die nördliche Grenze der Grafschaft lag beim Pfahlkrug.

Graf Christian v. Rantzau verstarb am 8. November 1663, erst 49-jährig, in Kopenhagen. Sein Nachfolger wurde der einzige Sohn Detlev von Rantzau (8). Detlev vermachte im Jahre 1669 dem König von Dänemark testamentarisch die Grafschaft, falls seine Söhne ohne männliche Nachkommen sterben würden. Als eine Bedingung sollte das Gebiet für immer von der Grafschaft Pinneberg getrennt bleiben und auch unter königlicher Herrschaft den Namen "Grafschaft Rantzau" tragen. (9)

Unter Graf Detlev wurde 1685 die jüdische Gemeinde in Elmshorn gegründet. Diese Jahreszahl ergibt sich aus dem ersten überlieferten Schutzbrief, den Graf Detlev zu Rantzau dem Juden Berend Levi am 14. Januar 1685 ausgestellt hatte. (10) Dieser Schutzbrief gilt als Dokument zur Gründung der jüdischen Gemeinde in Elmshorn. Nach der Ausstellung des Schutzbriefes für Berend Levi wuchs die Zahl der Juden in Elmshorn sehr schnell an, sodass schon 1688 ein eigener Hauslehrer für den Unterricht der Kinder angestellt werden konnte. Die Gemeinde kam zunächst sehr gut mit ihren christlichen Nachbarn aus, zu gut wie der damalige Hauptpastor Magister Nikolaus Petersen (11) meinte. In seiner Schrift "Gravamina" (12) beschwerte sich Petersen am 4.Juni 1694 darüber, dass Christen an den Sabbaten für die jüdischen Mitbürger Handreichungen ausführten. Auf diese Hilfestellung seitens der Christen waren die Juden angewiesen, da es ihnen von ihrem Glauben her untersagt ist, am Sabbat zu arbeiten. Nicht einmal die Kerzen in der Synagoge durften sie auslöschen und auch zu kochen war ihnen nicht erlaubt. Aus diesem Grunde benötigten sie die Hilfe ihrer christlichen Nachbarn. In der späteren Synagoge wurde eigens ein christlicher Kirchendiener angestellt.

Nach Übergang Elmshorns unter dänische Herrschaft im Jahre 1727 versuchte die Obrigkeit zunächst einmal, sich einen Überblick über die Juden und ihre Lage in Elmshorn zu verschaffen.

In seinem Begleitschreiben an den König stellte Administrator v. Blome fest, dass die Elmshorner Judenschaft aus "gantz geringen und fast bettelarmen Leuten bestehet", die in den vergangenen Jahren jährlich 22 Reichsthaler in das Rantzauische Register bezahlt hätten. Die Elmshorner Bevölkerung sehe die Juden mit gemischten Gefühlen: Bäcker, Höker und diejenigen, die Buden und Stuben zu vermieten hätten, würden diese gerne sehen; anders verhalte es sich aber mit den Kaufleuten und Krämern (auch den Glückstädtern und den aus anderen Orten), die über die Konkurrenz klagten. (13)

In dieser Quelle wird auch der Unterschied des jüdischen und des christlichen Handels sichtbar. Während die Christen in ihren Geschäften auf die Kunden warten, ziehen die jüdischen Kaufleute über das Land und verkaufen ihre Waren an der Haustür. Angesichts der sehr schlechten Wegeverhältnisse ist dieses für sie von einem entscheidenden Vorteil. Wozu soll der Kunde einen oft langen und mühsamen Weg über schlammige Pfade und Wege auf sich nehmen, wenn er die Ware frei Haus geliefert bekommt? Dieser Vorwurf des Hausierens wird von den christlichen Kaufleuten sehr häufig gemacht. Die Juden durften aber auch nur auf diese Weise handeln, da es ihnen nicht erlaubt war, "offene Läden zu halten".

Die Folge von Blomes Bericht war ein Rescript (14) des dänischen Königs, in dem dieser die Niederlassung der Juden in Elmshorn neu regelte. Der dänische König Friedrich IV. (15) gab am 15. Sept. 1727 eine Verordnung heraus, die die Aufnahmebedingungen für neu hinzuziehende Juden verschärfte. Der Grund dafür mag nicht zuletzt darin zu sehen sein, dass die Elmshorner Juden in der Mehrzahl sehr arm waren. Sie brachten der königlichen Kasse bei weitem nicht die Summe an Schutzgeld, die man sich erhoffte. Daher sollte bei einer Neuaufnahme von Juden darauf geachtet werden, dass diese ausreichend Geld besaßen. Um dieses sicherzustellen, ordnete Friedrich IV. an, dass diese Juden sich ein Haus kaufen sollten. Dieses Verfahren stellte in der damaligen Zeit etwas Besonderes dar, war es doch den jüdischen Mitbürgern im ganzen deutschen Reich nicht erlaubt, Grundbesitz zu erwerben. Dennoch besserte sich die finanzielle Lage der Elmshorner Juden nicht wesentlich. Daher folgte am 9. Juli 1736 ein weiteres Rescript:

Der dänische König Christian VI. verschärfte nach weiteren eingegangenen Beschwerden christlicher Kaufleute, die sich durch die Konkurrenz der jüdischen

Händler in ihrer Existenz bedroht sahen, erneut die Niederlassungsbedingungen. Nachdem es sich herausgestellt hatte, dass keine großen Schutzgeld-Einnahmen seitens der jüdischen Mitbürger zu erwarten waren, sollte nach dem Willen des Königs die Elmshorner Judenschaft aussterben. Daher wurde nicht nur den neu hinzuziehenden, sondern auch den schon z. T. sehr lange dort lebenden Juden der Aufenthalt erschwert. Wurden die einmal gegebenen Konzessionen auch nicht wieder entzogen, so sollten jetzt doch auch die erwachsenen Nachkommen der Elmshorner Juden, sobald sie sich selbständig machten und sich verheirateten, die Auflage erfüllen, sich innerhalb von drei Monaten ein Haus zu bauen oder zu erwerben. Die Alternative dazu bedeutete den Fortzug aus Elmshorn. (16)

Der Streit mit den christlichen Kaufleuten begann sich im Januar 1727 zu verschärfen. Am 21.Januar dieses Jahres stellte die "Seyden- und Tuchhändler Compagnie" den Antrag an den König, ein Hausierverbot für Juden und Christen zu erlassen. (17) Beschwerden dieser Art führten schließlich zu dem Verbot des Hausierens vom 19.Juli 1737. (18) Hiermit wurde den Juden in Elmshorn ihre Existenzgrundlage genommen, da wie aus der Befragung von 1726 hervorging, von 20 Juden 16 den Handel als Beruf angaben. Die Gemeinde verarmte sehr rasch. Da es für die Juden, außer dem Handel, keine Berufe gab, in denen sie tätig werden konnten (das Handwerk war ihnen außer als Schlachter untersagt), blieb ihnen nur, die königliche Verordnung zu missachten, aus Elmshorn fortzuziehen oder zu verhungern. Die Juden entschieden sich für die erste Möglichkeit.

Vor dieser Situation standen aber nicht nur die Elmshorner Juden, sondern alle in den beiden Herzogtümern. Auf diese Anordnung hin, wandten sich die Juden an den König, um erneut auf ihre schwierige Lage hinzuweisen. Wegen der Verarmung der Juden und dem dadurch ausbleibenden Schutzgeld wurde diese Bitte vom König erhört und am 27. Jan. 1744 erteilte er den Elmshorner Juden das Hausierprivileg in der Grafschaft Rantzau und der Grafschaft Pinneberg. (19)

Am 12. Oktober 1824 wurde vom dänischen König ein wichtiger Schritt in Richtung der Gleichberechtigung der Juden vollführt. Er erließ über die Schleswig-Holstein-Lauenburgische Kanzelei zu Kopenhagen ein Patent, das den Juden den Beitritt zu den Zünften in den Herzogtümern erlaubte. (20)

Während alle deutschen Staaten die Emanzipation der Juden in der ersten Hälfte des 19. Jahrhunderts durchführten, dauerte dieser Prozess in Holstein am längsten, denn erst am 14. Juli 1863 erlangten die Juden hier ihre Freiheit. An diesem Tag trat schließlich das Emanzipationsgesetz in Kraft. (21) Die allerletzten Schranken der politischen Gleichberechtigung aber fielen erst durch das Bundesgesetz vom 3. Juli 1869, das nach der Einverleibung Schleswig-Holsteins in Preußen für das Gebiet des Norddeutschen Bundes erlassen wurde. Dieses Gesetz enthielt nur einen einzigen Artikel:

"Alle noch bestehenden aus der Verschiedenheit des religiösen Bekenntnisses hergeleiteten Beschränkungen der bürgerlichen und staatsbürgerlichen Rechte werden hierdurch aufgehoben. Insbesondere soll die Befähigung zur Theilnahme an der Gemeinde- und Landesvertretung und zur Bekleidung öffentlicher Aemter vom religiösen Bekenntniß unabhängig sein. " (22)

Schon während der Bemühungen um die Emanzipation der Juden kam es zu einem starken Anstieg des Antisemitismus. Es handelte sich beim modernen Antisemitismus um ein postemanzipatorisches Problem und war nicht mit dem mittelalterlichen Judenhass gleichzusetzen. Er zielte nicht nur auf die Aufhebung der Emanzipation und die soziale Ausgrenzung der Juden, sondern glaubte, über die Judenfrage die Gesamtheit der aktuellen Probleme lösen zu können. Im Rassismus bekam er dann seine scheinwissenschaftliche Grundlage. Durch das rassische Element nun wurden die Juden auf Grund ihres Rassencharakters für minderwertig erklärt. Im Gegensatz zum Judenhass des Mittelalters, bei dem es dem einzelnen Juden durch Übertritt zum Christentum möglich gewesen war, den "Fluch des Verruchten" und damit seine Außenseiterstellung aufzugeben und ein vollwertiges Mitglied der Gesellschaft zu werden, war dieses jetzt nicht möglich, da es nun nicht mehr von der Religion, sondern von der "Rasse" abhängig war, ob ein Mensch wertvoll oder minderwertig war. Dieses hatte für die Juden etwas Endgültiges, d.h. sie konnten ihre Lage nicht verbessern.

Warum wurden nun gerade die Juden die Zielscheibe dieser feindlichen Strömungen?
Es gab sicherlich noch aus dem mittelalterlichen Judenhass herrührende Ressentiments. Die Juden waren und blieben eine Minderheit und Minderhei-

ten eigneten sich seit jeher zu "Sündenböcken", die man für alle Widrigkeiten, die einem widerfuhren, verantwortlich machen konnte. Weiterhin spielte das "Ostjudenproblem" eine große Rolle. Diese im Mittelalter aus dem deutschen Reichsgebiet nach Polen und Russland geflüchteten Juden, die wegen ihrer streng orthodoxen Lebensweise, Kleidung und ihrer jiddischen Sprache, selbst bei ihren inzwischen assimilierten Glaubensbrüdern z.T. nicht gern gesehen wurden, bildeten eine nicht zu übersehende Außenseitergruppe.

Weitere Gründe lagen darin, dass die Juden, trotz ihres geringen Anteils an der Bevölkerung, überproportional im Handel, Bankwesen und in der Presse vertreten waren. Nach der ihnen gewährten Emanzipation drängten die Juden sehr stark in die Städte, da ihnen dort die Aufstiegsmöglichkeiten verlockender als auf dem Lande erschienen. Sie nutzten intensiv diese Aufstiegsmöglichkeiten in der neuen Gesellschaft und wurden so zu Repräsentanten des liberalkapitalistischen Wirtschaftssystems.

Jüdische Synagoge am Flamweg. O. Autor. o.J.

Der Boykott vom 1. April 1933

Nach der Machtergreifung Adolf Hitlers am 30. Januar 1933 kam es überall im Reich zu "spontanen Aktionen" gegen jüdische Geschäftsinhaber, Rechtsanwälte, Richter, Ärzte und Privatpersonen. Der Vorgang spielte sich immer gleich ab. Immer drang eine "erregte Menschenmenge" in laufende Gerichtsprozesse ein, an denen jüdische Richter bzw. Anwälte teilnahmen. Die Verhandlungen mussten vertagt oder sogar abgebrochen werden. Die "nichtarischen" Richter und Anwälte wurden aufgefordert, kurzfristig Urlaub zu nehmen, damit die Gerichte weiterarbeiten konnten.

Die nationalsozialistischen Übergriffe blieben der Weltöffentlichkeit nicht verborgen und es kam zu Kundgebungen gegen das Naziregime. Die USA, England, Frankreich, Belgien, Holland, Polen und verschiedene andere Länder leiteten Boykottmaßnahmen gegen deutsche Waren ein.

Seit dem 29. März beherrschte der bevorstehende Boykott der jüdischen Geschäfte und Ärzte die Schlagzeilen auf den Titelseiten der Tageszeitungen. Das Ziel des Boykotts war es, dass die jüdischen Geschäftsinhaber, Ärzte und Juristen am 1. April ihre Geschäfte und Praxen schließen.

In Elmshorn wurde für den 1. April die Polizei durch 20 "Hilfspolizisten" verstärkt, die in der Fabrik von H. Schwarz in der Catharinenstraße kaserniert wurden. Die neuen Kräfte wurden ausschließlich aus der SS und SA rekrutiert. (23) Jeder Widerstand gegen diese SA- und SS-Angehörigen konnte fortan als Widerstand gegen die Staatsgewalt ausgelegt werden. Wie verlief nun der Boykott in Elmshorn?

Die "Elmshorner Nachrichten berichteten darüber am 1. April 1933:

" Der Abwehrkampf gegen die Gräuelhetze in Elmshorn"

„Keinen Pfennig für die Juden!" Unter dieser Parole wird der Abwehrkampf gegen die Gräuel-propaganda der Juden im Ausland hier in Elmshorn geführt. Schon von 8 Uhr an sah man Streifen der SA und SS in der Stadt. Um 10 Uhr standen die Posten der SS vor den jüdischen Geschäften. An den Schaufenstern prangten gelbe Zettel mit der Aufschrift "Jude". In Elmshorn wurden folgende Geschäfte von dem Boykott betroffen: "Produktion" mit ihren sämtlichen Geschäftsstellen, Irma Rosenberg, Königstraße; Max Meyer, Schulstraße und die "Epa" (24) Die "Epa" hielt ihre Räume heute geschlossen. Das eiserne Gitter zeigte schon jedem, der hier Einkäufe machen wollte, dass der Gang vergeblich gewesen war. Vor der "Epa" hatte sich gegen 10 Uhr eine große Menschenmenge versammelt, die sich aber ruhig verhielt. Durch die Ansammlung wurde der Verkehr an dieser sehr belebten Straßenkreuzung (25) stark behindert. Der Überfallwagen war sofort zur Stelle. Polizeibeamte und Hilfspolizei zerstreuten die Menge schnell. Die Leitung der Säuberungsaktion hatte der kommissarische Bürgermeister, Herr Rechtsanwalt Spieler. (26) Er setzte in der Marktstraße Streifen der Hilfspolizei ein, die die Menge in Bewegung hielt. Dann fuhr er mit dem Überfallwagen nach anderen Plätzen, wo jüdische Geschäfte waren, und sah nach dem Rechten. - Auch das Abwehr-Komitee gegen jüdische Gräuel- und Boykotthetze unter der Führung des SS-Führers Herrn W. Grezesch (27), fuhr zur Kontrolle mit einem Auto die Straßen ab. Zur Aufklärung der Bevölkerung wurden Flugblätter mit verschiedenem Inhalt verteilt. Die Firmen Max Meyer und Irma Rosenberg haben heute ihr Geschäft freiwillig geschlossen. Die Posten der SA wurden daher eingezogen. Auch bei der "Produktion" wurden die Posten zurückgezogen, da nach neueren Meldungen kein jüdisches Kapital in diesem Betriebe investiert ist. - Verhaftet wurden heute Morgen von Hilfspolizisten zwei Personen. Ein Mann hatte einen SA-Mann, der Posten stand, belästigt. Er wurde kurzerhand festgenommen. Ein anderer Mann hatte versucht, ein Judenplakat abzureißen. Auch er kam in Staatspension." (28)

Die jüdischen Geschäftsinhaber haben reagiert und ihre Geschäfte geschlossen. Diesem Umstand war es vermutlich zu verdanken, dass es zu keinen größeren Ausschreitungen kam. Misshandlungen oder Hausdurchsuchungen wie in anderen Städten sind in Elmshorn nicht bekannt geworden. Die Bevölkerung verhielt sich zum größten Teil passiv. Dieses entsprach auch den Berichten aus anderen Teilen des Reiches. Das Ergebnis des Boykotts war für die Nationalsozialisten nicht befriedigend. Viele Mitbürger ließen sich nicht einschüchtern. Die Absicht lag wohl vielmehr bei einer Machtdemonstration. Die Gegner sollten durch den Straßenterror eingeschüchtert, die Anhänger mobilisiert und fanatisiert werden. Der zunächst auf mehrere Tage angelegte Boykott wurde von der Regierung nach dem ersten Tage abgebrochen. Die Wirkung auf die deutschen Juden dagegen war sehr groß. Hierbei kann man nicht den materiellen Schaden sehen, denn der war nicht sehr groß. Anders verhielt es sich mit dem psychischen Schaden!

Vertreibung aus den Elmshorner Vereinen

Der Boykott war die erste große, von der nationalsozialistischen Regierung geplante und gelenkte Maßnahme gegenüber Juden. Es folgte jetzt eine Zeit der "gesetzlichen Ausschaltung".

Stolz konnte der Elmshorner Männerturnverein (EMTV) von 1860 am 13.10. 1933 verkünden:

" ...Gleichschaltung im EMTV

Die Richtlinien der D.T. schreiben vor:

1) Marxisten sind in unseren Reihen nicht zu dulden.

2) Nur Arier (29) können deutsche Turner sein.

3) Das Führerprinzip ist durchzuführen.

4) Die Wehrhaftigkeit ist zu pflegen.

Zu den Forderungen 1 und 2 ist nur zu sagen, dass, sofern es überhaupt Marxisten bei uns gegeben hat, diese heute nicht mehr bei uns sein dürften. Der bei uns gepflegte vaterländische Geist hat sie ferngehalten oder verscheucht. Einige Nicht-Arier sind aus unserem Verein ausgeschieden, so dass es heute Nicht-Arier unter uns nicht mehr geben dürfte ..." (30)

Hiervon wurden mindestens sieben Elmshorner Juden betroffen, die dem EMTV angehörten. Damit setzte der EMTV einen Teil seiner Mitglieder vor die Tür, die in der Geschichte des Vereins oftmals eine große Rolle spielten. Das Vorgehen des EMTV war der Auftakt zur Vertreibung der jüdischen Mitbürger aus den Vereinen und Klubs in Elmshorn. Es folgte bald auch der Gesangsverein "Concordia". Drei Jüdinnen wurden von dem Vorsitzenden persönlich zu Hause aufgesucht, um ihnen den Ausschluss bekannt zu geben. Dieses sprach auch für die enge persönliche Beziehung, die sie zur Liedertafel "Concordia" gehabt haben. (31) Bei der Feuerwehr und der Sanitätskolonne vom Roten Kreuz kam es zunächst noch nicht zur Vertreibung der jüdischen Kameraden. Auch in diesen Vereinigungen haben die Juden eine große Rolle gespielt. Und noch am 24. Mai 1937 stand in den "Elmshorner Nachrichten" im Jahresbericht der Sanitätskolonne 1936/37 zu lesen:

" .... Am Ende des Jahres verstarb dann auch der einzige bisher noch lebende Gründer unserer Kolonne, unser Ehrenmitglied Louis Mendel. Wir werden den beiden Entschlafenen ein ehrendes Gedenken bewahren." (32)

1933 gab es in Elmshorn noch sechs jüdische Schüler. Am 25. April wurde das erste einer ganzen Reihe von Schulgesetzen, -erlassen und -verordnungen veröffentlicht. Dieses bestimmte, dass der Anteil der jüdischen Schüler in den mittleren und höheren Schulen den Anteil der Juden an der Gesamtbevölkerung nicht übersteigen durfte. Da die Zahl der betreffenden Schüler in Elmshorn zu gering war, hatte dieses Gesetz keine Auswirkungen. Zu Ostern 1938 verließen die letzten beiden jüdischen Oberschüler die Bismarckschule. (33) Nach dem Novemberpogrom 1938 gab es auch an den Volksschulen Elmshorns keine "Volljuden" mehr.

Obgleich alles auf eine Diskriminierung der Juden angelegt war, wurden am 10. Mai 1935 vielen Juden, darunter u. a. auch dem Viehhändler William Oppenheim, das "Ehrenkreuz für Frontkämpfer" verliehen. (34)

Im Vergleich zu anderen Städten und Gegenden des Deutschen Reiches verliefen die ersten beiden Jahre nach der nationalsozialistischen Machtergreifung für die jüdischen Mitbürger in Elmshorn noch relativ ruhig. Sie hatten zwar erleben müssen, wie sie aus ihren gesellschaftlichen Positionen, aus Vereinen, Verbänden etc. verdrängt wurden, für die sie meist über viele Jahre segensreich tätig gewesen waren. Diese wollten auf einmal nichts mehr von ihnen wissen. Die Juden mussten weiterhin sehen, wie sich das Bild der Innenstadt Elmshorns verwandelte, wie in den Schaufenstern Schilder mit Aufschriften, wie "Juden unerwünscht", sowie so genannte "Stürmerkästen", z.B. an der Ecke Marktstraße/ Flamweg aufgestellt wurden. Ihre Geschäfte wurden boykottiert, die Einnahmen gingen merklich zurück. Da aber die Gemeinde eine zu geringe Mitgliederzahl hatte, die Bevölkerung in ihrer Mehrheit noch nicht antisemitisch eingestellt war und die Juden glücklicherweise gerade die Berufe besaßen, die noch keinen Beschränkungen unterlagen, waren sie im Verhältnis zu anderen Gemeinden noch nicht so betroffen. Dieses sollte sich aber in den nächsten Jahren grundlegend ändern!

Leben unter dem Terror

Schon früh begannen die Nationalsozialisten die Konzentrationslager bei der Bevölkerung ins Bewusstsein zu bringen. Zunächst geschah dieses, um "Gerüchten" vorzubeugen. Nach und nach allerdings wurden die Lager unverhohlen als Drohung hingestellt, ohne dass damit jedoch die Lage in den KZs der Realität entsprechend geschildert wurde.

Nachdem am 21. März 1933 die Nachricht von der Errichtung des ersten Konzentrationslagers in Dachau in der Presse veröffentlicht worden war (35), erlaubte sich die Redaktion der "Elmshorner Nachrichten" folgenden makabren "Aprilscherz":

"Ein Konzentrationslager in Elmshorn.
Wie wir hören, soll die frühere Strecker'sche Fabrik, jetzt Burg "Schrecken-stein" genannt, als KZ für politische Gefangene eingerichtet werden. Die Lagerinsassen sollen damit beschäftigt werden, den Rost von der Eisernen Front (36) abzukratzen." (37) Die Auflösung als "Aprilscherz" folgte einen Tag später.
Wie es aber oft bei Scherzen der Fall ist, steckte auch in diesem ein Körnchen Wahrheit. Drei Tage vorher schrieb Bürgermeister Spieler an den Oberpräsidenten von Schleswig-Holstein, Hinrich Lohse:

"Auf meine Veranlassung sind in Elmshorn in den letzten Tagen rund 32 Angehörige der KPD in ihrer Eigenschaft als Funktionäre in Haft genommen worden. Die zur Haftaufnahme geeigneten Räume sind restlos belegt und ferner fehlen der Stadt auch die Mittel für die Verpflegung der Verhafteten. Es wird deshalb angeregt, ob nicht für Schleswig-Holstein die Schaffung eines Konzentrationslagers möglich ist, in welchem die in Schleswig-Holstein insgesamt Verhafteten untergebracht werden können. Außerdem könnten die betreffenden Personen dort gleich zur regelmäßigen Arbeit erzogen werden ..." (38)

Die ersten Opfer der Nationalsozialisten in Elmshorn waren die Sozialdemokraten und Kommunisten. Von den Elmshorner Juden war vor 1938 keiner im Konzentrationslager. Die bürgerlichen Oppositionellen in Elmshorn hatten noch eine gewisse Schonzeit. Aber schon am 16. Dezember 1933 drohte Bürgermeister Krumbeck:

" ... Mit politischen Gegnern habe man den Kampf nicht brutal geführt, sondern mit warmer Menschlichkeit. In jedem Falle habe mit politischen Gegnern eine politische Auseinandersetzung stattgefunden. Beim Vorgehen hätten die Gegner, wenn sie auch keine Nationalsozialisten geworden seien, doch den Eindruck hinterlassen, dass sie gewillt seien, darüber nachzudenken, was der Führer wolle ... Die bis jetzt im Konzentrationslager Untergebrachten gehörten der Arbeiterklasse an. Die jetzt zur Entlassung kommenden seien die letzten Häftlinge, die Elmshorn habe. Er wolle hoffen, dass man bei Volksgenossen aus dem bürgerlichen Lager nicht das probate Mittel des Konzentrationslagers anwenden müsse. Bisher habe man davon Abstand genommen, nicht weil es Bürger seien, sondern weil man geglaubt habe, dass Verwarnungen genügen werden..." (39)

Es begann eine Propaganda-Offensive gegen "Meckerer und Kritikaster": "Es gibt auch bei uns Leute, die niemals zufrieden zu stellen sind, weil sie nicht bereit sind, positiv mitzuarbeiten. Aber diese Schädlinge werden wir ausmerzen." (40)

Im April 1934 wurde ein Brief, der an eine Adresse in Amerika gerichtet war, als unzustellbar zurückgesandt und von der Post geöffnet, obgleich der Absender bekannt war. Da in dem Schreiben "haarsträubende Behauptungen über die Verhältnisse in Deutschland" standen, wurde die Absenderin, eine 63-jährige Elmshornerin und ihr Sohn, vor das Altonaer Schwurgericht zitiert. Sie erhielten eine Strafe von 6 bzw. 9 Monaten. (41)

Offen wurden die Drohungen auch durch Bürgermeister Krumbeck ausgesprochen:

"Gegen die Meckerer. Die seelische Umstellung, die der nationalsozialistische Staat fordert, fällt vielen Volksgenossen noch schwer. Viele Leute vergessen, dass wir alle heute an einem Strange ziehen. Jeder muss sich klar werden, dass wir uns in einer Notgemeinschaft befinden. Ich weiß, wer heute willigen Herzens mitarbeitet und wer abseits steht. Sollte sich einmal zeigen, dass der Aufruf der Regierung zur Beseitigung der Nörgelei nicht beachtet wird, so kann gesagt werden, dass wir genügend Unterlagen haben, um die Staatsschädlinge auch wirksamer zu bekämpfen, als es heute geschieht." (42)

Die Nürnberger Gesetze
Ein zentraler Punkt der nationalsozialistischen Ideologie war der Gedanke der "Reinerhaltung der Rasse". Ein wichtiger Ort, an dem die Ideologie der Machthaber in das Volk gebracht werden konnte, war die Schule. Hier hatten sie beeinflussbare und vor allem in den unteren Klassen noch kritiklose Kinder und Jugendliche vor sich, die verhältnismäßig leicht zu "rassebewussten" Menschen erzogen werden konnten. Die Lehrpläne wurden dementsprechend umgeformt. (43) So wurde die "Geschichte" jetzt als "Kampf der verschiedenen Rassen" gegeneinander verstanden. In der Hierarchie der Rassen steht die

beste und allein kulturfähige "nordisch-arische" am höchsten. Daher sei sie dazu berufen, über die minderwertigen Rassen zu herrschen. Dieses entspricht dem Auserwählungsgedanken. Zur Verwirklichung dessen wird die Vernichtung besonders der jüdischen Rasse notwendig, da diese als Kulturzerstörer galt. Um die rassische Substanz eines Volkes rein zu halten, war die Rassenhygiene sittliche Pflicht eines jeden arischen Menschen.

Schon am 13. September 1933 erschien der erste Erlass zur Behandlung des Rassegedankens in der Schule: "Vererbungslehre und Rassenkunde in den Volksschulen". In ihm wurde festgelegt, dass Schüler vornehmlich in Vererbungslehre, Rassenkunde, Familienkunde und Bevölkerungspolitik unterrichtet werden sollten. (44)

Am 15. September 1935 wurden die Nürnberger Gesetze, das "Reichsbürgergesetz" und das "Gesetz zum Schutze des deutschen Blutes und der deutschen Ehre", kurz "Blutschutzgesetz" genannt, auf dem Nürnberger Reichsparteitag vom Reichstag angenommen. Durch das "Reichsbürgergesetz" erfolgte eine Einteilung aller Deutschen in "Staatsangehörige" und "Reichsbürger". "Reichsbürger" konnte nur sein, wer "arischen Blutes" war, und da nur er der Träger der politischen Rechte sein sollte, stellte das Gesetz eine Deklassierung der Juden dar. (45)
Das "Gesetz zum Schutze des deutschen Blutes und der deutschen Ehre" verbot die Eheschließung zwischen Juden und Nichtjuden und stellte sie unter schwere Bestrafung. Ebenso war der außereheliche Geschlechtsverkehr zwischen Angehörigen beider Gruppen verboten. Dieses Gesetz "legalisierte" nur die schon lange vorher geübte Praxis. Weiterhin bestimmte es, dass Juden weibliche Staatsangehörige "deutschen oder artverwandten Blutes" unter 45 Jahren nicht in ihrem Haushalt beschäftigen durften. (46)
Die "Nürnberger Gesetze" vollzogen die Trennung von Juden und Nichtjuden im privaten Bereich. Sie stempelten die jüdischen Mitbürger zu Personen minderen Rechts ab.

Verdrängung aus der Wirtschaft und Arisierung
Der Boykott vom 1. April 1933 bildete den Auftakt für den "Kampf" der Nationalsozialisten gegen die jüdischen Geschäftsleute. Der Magistrat der Stadt Elmshorn beschloss drei Wochen später, am 19. April 1933, Aufträge der Stadt in Zukunft nur noch an solche Firmen zu vergeben, die ihren Bedarf nicht

durch jüdische oder marxistische Firmen deckten. Die Geschäftsleute hatten sich hierzu schriftlich zu verpflichten. (47)

Am 25. September 1933 wurde in den "Elmshorner Nachrichten" das neue "Kennzeichen für ein deutsches (arisches) Geschäft" vorgestellt.

In der Folgezeit erschienen in der Innenstadt überall diese Schilder, aber auch welche mit den Aufschriften "Kauft nicht bei Juden!". (48) Dennoch wurden diese Schilder nicht in dem Maße beachtet, wie es sich die Nationalsozialisten wünschten. In den "Politischen Lageberichten" der Kieler Staatspolizeistelle für den Regierungsbezirk Schleswig, die für ganz Schleswig-Holstein galten, klagte diese über die "Unbelehrbarkeit der christlichen Bevölkerung, nicht beim Juden zu kaufen". (49)

Die Warnungen der Nationalsozialisten an die Kunden "nichtarischer" Kaufleute nahm an Bedrohlichkeit immer mehr zu. Am 24. April 1935 war in der Tageszeitung zu lesen:

" Kindermund tut Wahrheit kund

Ist da in Elmshorn ein kleiner Hitlerjunge, der sich einen Drachen bauen will. Er geht zur Mutter und bittet sie um Geld für Zutaten. Die Mutter gibt ihm das Geld und gleichzeitig einen guten Ratschlag. Sie sagte ihm, dass er wegen der Zutaten ja nicht ganz zur Stadt brauche, sondern sie beim Nachbarn kaufen könne. Der Nachbar, ein Großhändler, ist aber Jude.

Da sagt der Hitlerjunge zu seiner Mutter: "Wer beim Juden kauft, ist ein Volksverräter!" Darauf "langt" die Mutter ihm eine. Der Junge kommt draußen bei seinen Geschwistern und Spielkameraden an und ist noch ziemlich gekränkt. Auf Nachfrage erhalten sie zur Antwort: "Mutter wird nie eine Volksgenossin, die muss einmal ins KZ." Dieser Junge hatte sich die Lehren seines Gefolgschafts-führers gut gemerkt und handelte auch danach." (50)

Vollends aus dem Elmshorner Geschäftsleben ausgeschaltet wurden die Juden erst im Jahre 1938. Stolz konnten die Elmshorner Nachrichten am 22.2.1938 verkünden:

"Juden und Genossenschaften. Vorbildliches Vorgehen der Elmshorner Kreditbank.

Aus der Tagesordnung für die Generalversammlung der Elmshorner Kreditbank ist ersichtlich, dass diese dem gewerblichen Genossenschaftswesen angehörende Genossenschaft beabsichtigt, sich von ihren jüdischen Mitgliedern loszusagen und für die Zukunft die Aufnahme jüdischer Mitglieder zu unterbinden. Das ist unseres Wissens das erste Mal im ganzen Reich, dass eine Kreditgenossenschaft, die noch dazu zu den größten Norddeutschlands gehört, die Folgerungen aus der politischen Entwicklung zieht ..." (51)

Die Generalversammlung der Bank fand am 24.2.1938 statt. Hier erfolgte einstimmig die Annahme eines Antrages auf Einführung des Arierparagraphen in die Satzung. (52) Diese Satzungsänderung hatte für die Juden schwerwiegende Folgen. Da die jüdischen Geschäftsleute nach Rückgang ihres Umsatzes zu einem großen Teil Hypotheken bei der Kreditbank aufgenommen hatten und ihnen diese nun gesperrt wurden, waren sie gezwungen, ihren Besitz zu veräußern, um die Hypothekenschulden zu bezahlen.

Es war ein so genannter "Einheitswert" festgelegt worden, zu dem die Fabriken, Geschäfte und der Grundbesitz verkauft werden durften. Dieser "Einheitswert" lag selbstverständlich unter dem Realwert.

Da ein Jude als solcher trotz aller Bemühungen nicht zu erkennen war, mussten Hilfsmittel zur Identifizierung herangezogen werden. Dieses "Hilfsmittel" stellte die so genannte Kennkarte dar, die am 1. Oktober 1938 als neuer Inlandsausweis eingeführt wurde. Die Karten der jüdischen Bürger waren mit einem großen "J" gekennzeichnet. (53) Zu diesen Maßnahmen gehörte ferner die Verordnung, die bestimmte, dass Juden nur bestimmte, in einer besonderen Liste veröffentlichte Vornamen führen durften. Erwachsene mit einem "deutschen" Vornamen mussten diesem als Zusatz den Namen "Sara" bzw. "Israel" anhängen. Diese Zusatznamen mussten unaufgefordert genannt werden. (54)

Der Novemberpogrom oder die "Reichskristallnacht"

Am Abend des 9. November hatte sich die NS-Führung in München versammelt, um der "alten Kämpfer" des "Marsches auf die Feldherrnhalle" zu gedenken. Nachdem die Nachricht vom Tode v. Raths eingegangen war, hielt Goebbels vor der Versammlung eine Rede, in deren Verlauf er das Startzeichen für den Pogrom gab:

"Am Abend des 9. November 1938 teilte der Reichspropagandaleiter Pg. Dr. Goebbels den zu einem Kameradschaftsabend im Alten Rathaus zu München versammelten Parteiführern mit, dass es in den Gauen Kurhessen und Magdeburg-Anhalt zu judenfeindlichen Kundgebungen gekommen sei; dabei seien jüdische Geschäfte zertrümmert und Synagogen in Brand gesteckt worden.

Der Führer habe auf seinen Vortrag entschieden, dass derartige Demonstrationen von der Polizei weder vorzubereiten noch zu organisieren seien, soweit sie spontan entstünden, sei ihnen aber auch nicht entgegenzutreten... Die mündlich gegebenen Weisungen des Reichspropagandaleiters sind wohl von sämtlichen anwesenden Parteiführern so verstanden worden, dass die Partei nach außen nicht als Urheber der Demonstrationen in Erscheinung treten, sie in Wirklichkeit aber organisieren und durchführen sollte. Sie wurden in diesem Sinne sofort - also geraume Zeit vor Durchgabe des ersten Fernschreibens - von einem großen Teil der anwesenden Parteigenossen fernmündlich an die Dienststellen ihrer Gaue weitergegeben ...Schneider" (55)

Der Kieler Polizeipräsident und SA-Führer Meyer-Quade, der sich zu dieser Zeit in München aufhielt, schrieb in seinem "Bericht der SA-Gruppe Nordmark zu der Aktion in der Nacht vom 9./10. November":

„Als am 9. November abends etwa 22.00 Uhr im Hotel "Schottenhammel" in München durch einen mir unbekannten Parteigenossen der Reichsleitung der NSDAP einigen der dort versammelten Gauleiter die Notwendigkeit der Aktion mitgeteilt wurde, habe ich dem Gauleiter Hinrich Lohse die Mitwirkung der SA-Gruppe Nordmark freiwillig und unaufgefordert angeboten. Daraufhin rief ich den Stabsführer der SA-Gruppe Nordmark, Oberführer Volquardsen, in Kiel an und übermittelte Folgendes etwa um 23.20 Uhr:
"Ein Jude hat geschossen. Ein deutscher Diplomat ist tot. In Friedrichstadt, Kiel, Lübeck und anderswo stehen völlig überflüssige Versammlungshäuser. Auch Läden haben diese Leute bei uns noch. Beide sind überflüssig. Es darf aber nicht geplündert werden. Es dürfen keine Misshandlungen vorkommen. Ausländische Juden dürfen nicht angefasst werden. Bei Widerstand von der Waffe Gebrauch machen. Die Aktion muss in Zivil durchgeführt werden und um 5.00 Uhr beendet sein." (56)
Volquardsen leitete diesen Befehl an die Führer der SA-Brigade in Schleswig und der SA-Standarten in Lübeck, Heide und Pinneberg weiter. (57)

Parallel zu der Nachrichtenübermittlung durch die Dienststellen der SA verlief eine über die Staatspolizeileitstellen:
" An alle Stapo-Stellen und Stapoleitstellen-
An Leiter oder Stellvertreter
Dieses FS (58) ist sofort auf dem schnellsten Wege vorzulegen.

1. Es werden in kürzester Frist in ganz Deutschland Aktionen gegen Juden, insbesondere gegen deren Synagogen stattfinden. Sie sind nicht zu stören. Jedoch ist im Benehmen mit der Ordnungspolizei sicherzustellen, dass Plünderungen und sonstige besondere Ausschreitungen unterbunden werden können.

2. Sofern sich in Synagogen wichtiges Archivmaterial befindet, ist dieses durch eine sofortige Maßnahme sicherzustellen.

3. Es ist vorzubereiten die Festnahme von etwa 20 -30000 Juden im Reiche. Es sind auszuwählen vor allem vermögende Juden. Nähere Anordnungen ergehen noch im Laufe dieser Nacht.

4. Sollten bei den kommenden Aktionen Juden im Besitz von Waffen angetroffen werden, so sind die schärfsten Maßnahmen durchzuführen. Zu den Gesamtaktionen können herangezogen werden Verfügungstruppen der SS sowie Allgemeine SS. Durch entsprechende Maßnahmen ist die Führung der Aktionen durch die Stapo auf jeden Fall sicherzustellen.

Dieses FS ist geheim.

Gestapo" (59)

In dem Blitzfernschreiben des SS-Gruppenführers Reinhard Heydrich an Staatspolizei und SD vom 10. November um 1 Uhr 20 wurden die angekündigten genaueren Befehle übermittelt. Neben der Anweisung an die Polizei, die bevorstehenden Aktionen nicht zu stören, erging u. a. der Befehl:

" ... in allen Bezirken so viele Juden - insbesondere wohlhabende - festzunehmen, als in den vorhandenen Haftträumen untergebracht werden können. Es sind zunächst nur gesunde und männliche Juden nicht zu hohen Alters festzunehmen. Nach Durchführung der Festnahme ist unverzüglich mit den zuständigen Konzentrationslägern wegen schnellster Unterbringung der Juden in den Lägern Verbindung aufzunehmen ..." (60)

SA-Obersturmführer Meyer aus Pinneberg überbrachte den Befehl nach Elmshorn. Meyer bekannte sich bei dem Prozess über den Elmshorner Synagogenbrand am 6. Juli 1948 vor dem Landgericht Itzehoe auf dem Amtsgericht Elmshorn als einziger der fünf angeklagten Personen für schuldig: allerdings nur, am betreffenden Morgen eine Spiegelscheibe in der Wohnung des Kultusbeamten David Baum zerschlagen zu haben. (61)

In der Nacht vom 9. auf den 10. November, der "Reichskristallnacht", wie sie später von den Nationalsozialisten wegen der überall zu hörenden Geräusche von splitternden Glas genannt wurde, verhafteten die Nationalsozialisten alle jüdischen Männer Elmshorns über 18 Jahre. Lediglich zwei kranke Juden, Karl Löwenstein und Julius Lippstadt, verschonte man. Die Verhafteten wurden in das Konzentrationslager Sachsenhausen bei Berlin gebracht. (62)

"Um vier Uhr morgens, am 10. November 1938, klopfte man laut an unsere Tür im Flamweg 132 an: "Machen Sie auf, im Namen des Reiches!" Eine Gruppe von Männern, einige in Uniform, forderte nach meinem Vater Otto Oppenheim. "Im Namen des Reiches" verhafteten sie ihn ohne Begründung. Man erlaubte ihm nichts zu packen, nur die Kleidung durfte er anziehen. Fragen wurden nicht beantwortet, nur mit: "Schnell, schnell! Machen Sie sich fertig!" Nachdem sie das Haus mit meinem Vater verlassen hatten, rief meine Mutter die Polizei an. Es wurde ihr gesagt, dass sie meinem Vater einen Koffer packen sollte, mit Unterzeug usw. und vor 9 Uhr morgens auf der Polizeiwache abzuliefern hätte. Fragen nach dem Grund der Verhaftung oder irgendeine andere Auskunft wurde ihr nicht gegeben. Wir erfuhren erst ein paar Tage später, dass er nach Sachsenhausen gebracht wurde. Er wurde am 6. Dezember entlassen und kam mit erfrorenen Händen und Füßen und kahl geschorenem Kopf nach Hause zurück." (63)

Fast alle Männer, die im KZ waren und die Rudolf Baum befragte, haben nie viel über ihren Aufenthalt im Konzentrationslager erzählt. Sie wollten nicht darüber reden.

Einer der beiden Kranken, die man nicht nach Sachsenhausen verschleppte, war Julius Lippstadt. Nach Aussagen seiner Tochter verlangten einige Männer in der Nacht zum 10. November Einlass in seine Wohnung. Sie befahlen Herrn Lippstadt, sich anzuziehen. Da brach dieser zusammen, und weil er nicht transportfähig war, ließen sie ihn zurück. (64)

Plünderungen und Misshandlungen scheinen in Elmshorn nicht vorgekommen zu sein, wohl aber Hausdurchsuchungen. Am darauffolgenden Tag stand in der Zeitung zu lesen:

"Das Volk übt Vergeltung.
Als gestern Abend das Ableben des von jüdischer Mörderhand getroffenen Gesandtschaftsrats vom Rath bekannt wurde, machte sich tiefe Empörung über diesen Schurkenstreich auch in verschiedenen Orten unserer Heimatprovinz, so u. a. in Kiel, Lübeck, Elmshorn, Flensburg und Friedrichstadt durch antijüdische Aktionen Luft.

Die Synagoge auf dem Flamweg in Elmshorn ist während der Nacht ausgebrannt; das alte Kampflied der SA "Hallo, die Synagoge brennt" wurde Wirklichkeit. Eine Reihe von Juden wurden von der Polizei in Schutzhaft genommen." (65)

In der Nacht des Pogroms wurde die jüdische Gemeinde Elmshorn praktisch aufgelöst. Sie bestand zwar noch offiziell bis zum April 1941, aber der gemeinsame Versammlungsort, die Synagoge auf dem Flamweg, war zerstört und die jüdischen Männer im Konzentrationslager. Die inhaftierten Männer kamen allmählich alle wieder frei. Voraussetzung war allerdings, dass sie sich im Besitz eines Ausreisevisums befanden bzw. den Nachweis erbrachten, sich um ein Visum zu bemühen. In der Folgezeit konzentrierte sich alles auf eine Flucht ins Ausland.

Jetzt wurden in Elmshorn die letzten jüdischen Geschäfte "arisiert". Der "Verkäufer" bekam jedoch für sein Geschäft kein Geld. Die Verkaufssumme wurde in einem Schuldbuch vermerkt und mit einem bestimmten Prozentsatz verzinst. Von diesen Zinsen hatte er zu leben.
Stolz konnte Bürgermeister Krumbeck in seinem Rechenschaftsbericht am 5. Juli 1939 vermerken:

" ... Ich will nun nicht den Überblick über das Elmshorner Wirtschaftsleben zu Ende führen, ohne der erfreulichen Tatsache Erwähnung zu tun, dass die Elmshorner Wirtschaft entjudet ist. Die letzten jüdischen Firmen Max Meyer, Konservenfabrik Hirsch, Lederfabrik Heymann und Lederfabrik Metzger AG sind in arischen Besitz übergegangen. Interessieren dürfte Sie, dass von 56 Juden, die wir 1933 übernahmen, heute nur noch 11 unsere Gemeinde bevölkern..." (66)
Schließlich mussten die Juden auch ihr Gold, Silber, Platin, ihre Edelsteine und Perlen abliefern. (67) Sie besaßen jetzt nur noch ihren Hausrat und die monatlichen Zinsen ihres ehemaligen Vermögens.

Die totale Isolation und der Gipfel der vielen Verordnungen, Anordnungen und Gesetze war die Einführung des "Judensterns" am 19. September 1941. (68) 1942 hatte Elmshorn nur noch vier jüdische Mitbürger, von denen aber nur drei den Behörden als Juden bekannt waren.

Auswanderung

In den ersten Jahren der NS-Herrschaft zielte die Praxis der von der SS geleiteten Polizei auf eine Auswanderung der deutschen Juden ab. Man konnte an der Zahl der Emigranten die damalige Politik der Nationalsozialisten ablesen. Nach den ersten Verfolgungen 1933 folgte ein Nachlassen des Terrors, der sich auch in den Auswanderungszahlen widerspiegelt.

Ein großer Teil der Juden versuchte allerdings durch Binnenwanderung innerhalb des Reiches, sich dem Terror zu entziehen. So wanderten viele aus kleinen ländlichen Gemeinden in größere Orte oder Großstädte, da sie dort anonymer zu sein glaubten.

Die Emigranten bevorzugten 1933 vor allem die Nachbarländer, wie Frankreich, Holland, Polen, Belgien, England, Tschechoslowakei, Schweiz und Skandinavien. Dieses hing wahrscheinlich mit der Hoffnung zusammen, eines Tages nach Deutschland zurückzukehren. Später verstärkte sich die Emigration in überseeische Länder, wie USA, Argentinien, Brasilien, Uruguay, Kolumbien, Chile, Südafrika und Australien.

Obgleich Hitler die Auswanderung grundsätzlich befürwortete, standen die Juden vor fast unüberwindlichen Schwierigkeiten. Die Emigration sollte die Nationalsozialisten nichts kosten, im Gegenteil, sie wollten auch daran verdienen. Die Auswanderung kam einer Enteignung gleich. Dieses hatte zur Folge, dass im Allgemeinen nur die reichen Juden eine Chance hatten auszuwandern. Durch ein Gesetz vom 18. Mai 1934 wurde die schon 1931 eingeführte Reichsfluchtsteuer ausgebaut. Dieser Steuer unterlag ein Vermögen von 50000 Reichsmark an aufwärts. Der Steuersatz betrug anfangs 25%, wurde später jedoch durch eine Auswandererabgabe auf 80% erhöht. (69)

Schließlich wurde auch die Erlaubnis zum Bartransfer aufgehoben. War ein Jude ausgewandert, wurde sein Vermögen devisenrechtlich gesperrt. Barvermögen wurde hierbei als Sperrmark bezeichnet. Die ausgewanderten Juden konnten die Sperrmarkbeträge im Ausland mit einem Abschlag von 50 % verkaufen, die dem Reich zufielen. Später wurden die Abschläge auf 85% erhöht.

"Ein Jude, der also eine Million Mark Vermögen hatte und auswandern wollte, verlor erst einmal 800000 Mark durch die Reichsfluchtsteuer, es blieben ihm 200000 Mark fürs Sperrmarkguthaben. Dann verlor er durch die Abschläge noch einmal 170000 Mark. Es blieben ihm 30000 Mark." (70)

Später überließen ihnen die Nationalsozialisten nur noch 4 - 6 %, so dass es selbst für die reichen Juden fast unmöglich war, sich im Ausland eine Existenz aufzubauen.

"Bereits 1937 hatte sich folgende behördliche Praxis herausgebildet: Das Vermögen auswandernder Juden wurde beschlagnahmt, und ihnen wurde nur gestattet, einen Betrag von 10 Reichsmark pro Kopf auszuführen. Da viele Auswanderungsländer jedoch die Ausstellung eines Visums vom Nachweis eines bestimmten Barvermögens abhängig machten, wurde den betreffenden Juden ein entsprechendes Vorzeigegeld zur Erlangung des Visums leihweise ausgehändigt, das sie jedoch vor der Abreise wieder abzuliefern hatten. Natürlich kam dieser amtliche Betrug sehr schnell ans Tageslicht, weil die Auswanderer ja völlig mittellos das Einwanderungsland betraten. Die meisten Länder verschärften die Einwanderungsbestimmungen erheblich und reagierten oft ohne menschliche Regungen. Ab Mai 1938 gaben die deutschen Auswanderungsbehörden überhaupt kein "Vorzeigegeld" mehr aus, so dass zwangsläufig die legale Auswanderung rapide zurückgehen musste." (71)

Schon bald regte sich in den europäischen Zufluchtsländern Widerstand gegen die eingewanderten Juden. Man wollte die verarmten, durch die Deutschen vertriebenen Menschen nicht haben. So verschob sich die Auswanderung vor allem in überseeische Gebiete und nach Palästina. Doch nicht nur durch die finanzielle Lage war die Emigration erschwert und eingeschränkt. Die Neuansiedlung in überseeischen Ländern war vor allem durch die ungünstige Berufsstruktur beeinträchtigt. Kaufleute, Händler, Ärzte, Rechtsanwälte, Wissenschaftler usw. wurden kaum in einem Land in größerer Zahl gebraucht, wohl aber Landwirte, Facharbeiter und Handwerker.

Es bleibt aber die Frage: Warum haben die Juden buchstäblich bis zur letzten Sekunde mit ihrer Auswanderung gewartet? Sie hatten doch schon früher sehen müssen, dass sie keine Zukunft mehr in Deutschland haben würden. Die Gründe liegen vor allem in der Verwurzelung mit der alten Heimat Deutschland, für die sie auch in den Kriegen des 19. Jahrhunderts und im I. Weltkrieg gekämpft hatten. So nahmen am Weltkrieg 32 Elmshorner Juden teil, von denen sechs fielen und vier besondere Auszeichnungen erhielten. (72) Die jüdischen Mitbürger konnten sich bei aller Bedrohung und Schikanierung nicht ausmalen, was sie noch zu erwarten hatten. Hinzu kamen die Unsicherheiten, die mit einer Auswanderung zusammenhingen. Was sollten sie in Ländern, deren Sprache und Kultur ihnen fremd war? Waren sie nicht schon viel zu alt für einen Neuanfang im Ausland? Sie mussten ja noch einmal ganz von vorne anfangen, da sie aus Deutschland nur 10 RM und ihren Hausrat mitnehmen durften. Eine weitere Schwierigkeit lag darin, dass viele Länder ihre Grenzen für Juden entweder sperrten oder nur verhältnismäßig geringe Quoten zuließen, da die Juden kein Vermögen und zumeist auch die falschen Berufe erlernt hatten. Dadurch würde die Fürsorge und der Arbeitsmarkt im Einwanderungsland zu sehr belastet werden. Die deutschen Juden hatten nach ihrer Emanzipation vor allem akademische und kaufmännische Berufe ergriffen. Es gab nur wenige Landwirte und Handwerker unter ihnen. So zogen es viele jüdische Mitbürger vor, trotz aller Bedrängnis, lieber in Deutschland zu bleiben.

Deportationen
Mit der Eroberung der polnischen Gebiete und dem Einmarsch in Russland (22.6.1941) begannen die Deportationen. Durch die zwangsweise Umsiedelung sollten die Juden in abgegrenzte Sperrbezirke (Ghettos) gebracht werden. Aber die Ghettos waren nur eine Zwischenstation. Sie wurden nach und nach aufgelöst, die Bewohner entweder in abgelegenen Gegenden von "Sonderkommandos" ermordet oder in Konzentrationslager oder Vernichtungslager wie Auschwitz-Birkenau überführt.
1940 lebten in Elmshorn noch acht "Volljuden". Zwei von ihnen haben überlebt, zwei Schicksale sind unbekannt, einer, Albert Hirsch, beging Selbstmord, und drei wurden deportiert. Zählt man alle in Elmshorn geborenen oder zeitweise hier lebenden Juden hinzu so sind mindestens 43 Personen deportiert worden.

Hiervon verschleppten die Nationalsozialisten nach

Fuhlsbüttel	1
Auschwitz	7
Bergen-Belsen	1
Trawniki	1
Lodz (Litzmannstadt)	2
Minsk	6
Riga	6
Warschauer Ghetto	1

und Theresienstadt   17 Juden.
Albert Hirsch nahm sich das Leben in Hamburg-Ohlsdorf.

Von den verschleppten Mitbürgern haben nur vier Personen überlebt: Gerald
Adler, Max Hasenberg Herta Helischkowski und Minni Petersen. Die anderen
wurden in den verschiedenen Lagern ermordet oder kamen unter den ent-
setzlichen Bedingungen ums Leben. (73)

Nach dem Novemberpogrom 1938 hatten die Elmshorner Juden nicht mehr
das Geld, ihre Synagoge wieder zu renovieren. Die Gemeindemitglieder waren
jetzt auch damit beschäftigt, ihr Leben zu retten und noch ein freies Auswan-
derungsland zu finden. In der Beratung der Beigeordneten der Stadt Elmshorn
am 12. Dezember 1938 wurde beschlossen, der Polizei den Auftrag zu geben,
mit der jüdischen Gemeinde zu verhandeln, was sie mit der "bei der Volksem-
pörung vernichteten Synagoge" zu tun gedenke. (74) Am 17. März 1939 verkaufte John Meyer der Stadt das Synagogengrundstück. Die Reichsvertretung
erhielt aus dem Vertrag, nach Abzug der Unkosten, 4000 RM.

Am 21. März 1939 berieten die Beigeordneten über die Verwendung des er-
worbenen Gebäudes. Es sollte zunächst dem Reichsluftschutzbund als Schu-
lungshaus angeboten werden. (75) Später kam die Überlegung auf, darin das
Elmshorner Museum einzurichten. (76) Aber auch davon kam man wieder ab.
Am 10. Januar 1941 beschlossen die Beigeordneten, das Grundstück zum Preis
von 5000 RM einschl. Grunderwerbskosten zu veräußern. (77) Während der
Kriegszeit wurde dann die ehemalige Synagoge als Luftschutzbunker verwen-
det und nach dem Kriege abgerissen. Heute befindet sich auf dem Gelände ein
Gedenkplatz mit Stelen und einem Gedenkstein, der am 31. September 1981
eingeweiht worden ist.

Im Frühjahr 1941 war die Zahl der jüdischen Gemeindemitglieder so klein ge-
worden, dass der in Hamburg wohnende Heinrich Israel Basch von der
"Reichsvereinigung der Juden in Deutschland" zum Vorstand ernannt wurde.
Dieser beantragte am 13. März 1941 die Auflösung der Gemeinde. (78)
Am 3. April wurde ihm dieses gestattet. (79)

Mit dem Nationalsozialismus wurde in Elmshorn eine Gemeinde vernichtet,
die seit 1685, also runde 260 Jahre existierte und zum großen Teil das Bild der

Stadt prägte. Nach dem Krieg ist keiner der überlebenden Juden nach Elmshorn zurückgezogen. In Elmshorn erinnern an diese alte Gemeinde nur noch der Friedhof mit seiner restaurierten und am 24. 5. 1985 neu eröffneten Kapelle, der Gedenkstein und die Stelen auf dem am 09.November 2010 eingeweihten Gedenkplatz auf dem ehemaligen Synagogengrundstück am Flamweg. Im November 2003 wurde durch die Gründung der Jüdischen Gemeinde Elmshorn e. V. wieder ein Neuanfang gemacht. Der Gemeinde wurde 2005 der historische Friedhof in der Feldstraße zurück übertragen. 2006 errichtete sie eine neue Begräbnisstätte in Kölln-Reisiek, und erwarb 2007 eine Thorarolle. (80) Die Gottesdienste finden jetzt wieder im Flamweg statt.

Anmerkungen

1) Sepharden= Bezeichnung der Juden aus Spanien (Sefarad) und Portugal, die im 14. und 15. Jahrhundert über Europa, Nordafrika, Lateinamerika und den Orient zerstreut wurden.Kulturelle und materielle Blüte im 17. Jhd. Sind auch anthropologisch von der Mehrzahl der Ashkenasim unterschieden (ausgesprochen südländischer Typus). zit. n.: Philo-Lexikon: Handbuch des jüdischen Wissens. Unveränd. Nachdr. d. 3. vermehrten und verb. Aufl. von 1936. Königstein/Ts. 1982

2) Ashkenasen= Im Gegensatz zu den spanisch-portugiesischen Juden (Sefardim) werden die aus Deutschland und Frankreich stammenden Juden als Ashkenasim bezeichnet, die jetzt etwa 90% aller Juden umfassen. zit. n.: Philo Lexikon, a.a.O.

3) Inquisition= Untersuchung der Ketzerei, richtete sich nicht allein gegen die Juden, sondern war Werkzeug der Religionspolitik des Mittelalters. Unter der spanischen und portugiesischen Inquisition hatten die Juden besonders zu leiden. 1480 eingeführt. Um 1500 greift die Inquisition nach Amerika über, wohin zahlreiche spanische Juden geflohen waren. 1536 wird sie in Portugal, 1586 in den Niederlanden wirksam; in Deutschland gab es keine Inquisition. 1808 hebt Napoleon die Inquisition auf, jedoch erfolgt noch 1826 eine letzte Hinrichtung. zit. n.: Philo-Lexikon, a.a.O.

4) Christian IV. v. Dänemark: 1577 - 1648; König von 1596 - 1648; suchte im Kampf gegen Schweden die dän. Herrschaft über die Ostsee zu erlangen und durch sein Eingreifen in den 30jährigen Krieg in Norddeutschland territoriale Eroberungen zu machen, was jedoch mit einem Misserfolg endete. Christian IV. förderte Industrie und Handel.

5) Kellenbenz, Hermann: Sephardim an der unteren Elbe. Ihre wirtschaftliche und politische Bedeutung vom Ende des 16. bis zum Beginn des 18. Jahrhunderts. Wiesbaden 1958. (Beihefte der Vierteljahrschrift für Sozial- und Wirtschaftsgeschichte. Band 40). S. 62.

6) ebenda, S. 139

7) Rauert, a.a.O., S.7

8) Detlev von Rantzau: geb. 11. Mai 1644, verst. 1697. Er war Vizestatthalter der Herzogtümer, nach dem Tode des Statthalters wurde er dessen Nachfolger. Amtmann und Gouverneur zu Rendsburg und Geheimrat. nach Rauert: S. 8f.

9) Rauert, a.a.O., S.7

10) LAS Abt. 113 Nr. 186

11) Magister Nikolaus Petersen: Hauptpastor von Elmshorn; Amtszeit: 1664 - 1701.

12) Gravamina = Beschwerden

13) LAS 65.1 Nr. 1481

14) Rescript = schriftl. Erlass

15) Friedrich IV. v. Dänemark: 1671 - 1730; König von 1699 - 1730; kämpfte um den gottorfischen Anteil von Schleswig mit Polen und Russland gegen Karl XII. von Schweden und konnte ihn 1720 besetzen; förderte das Schulwesen und hob die Leibeigenschaft der Bauern auf, die er jedoch 1724 der Schollenpflichtigkeit (Bindung an das adlige Gut) unterwarf.

16) CCH Bd. III S.1465f

17) LAS 65.1 Nr. 1481

18) CCH, a.a.O.

19) ebenda

20) Marwedel, Günther: Die Privilegien der Juden in Altona. Hamburg 1976. S.378

21) Bildarchiv Preußischer Kulturbesitz (Hrsg.): Juden in Preußen. Ein Kapitel deutscher Geschichte. Dortmund 1981. S.240

22) ebenda

23) EN v. 1.4.1933

24) Epa= Vorläufer der Kepa

25) Ecke Marktstraße/ Flamweg

26) Spieler, Christian: Rechtsanwalt und Sturmbannführer der SS aus Wesselburen, am 20. März 1933 durch den Regierungspräsidenten in Schleswig zum kommissarischen Bürgermeister von Elmshorn berufen. Im Juli 1933 als Oberstaatsanwalt ins Preußische Justizministerium berufen. nach: Bobell, a.a.O., S. 153

27) Grezesch, Wilhelm: Führer der Elmshorner SS; wurde im Nov. 1932 mit ca. 40 anderen Nationalsozialisten aus Elmshorn und Umgebung vor dem Altonaer Schwurgericht wegen Bombenattentaten angeklagt und zu sechs Jahren Zuchthaus verurteilt. Wenige Tage vor der Urteilsverkündung trat ein NS-Abgeordneter zurück und Grezesch wurde

im Nachrückverfahren NS-Reichstagsabgeordneter. Damit besaß er die Immunität und wurde schon 14 Tage später entlassen. s. z.B. EN 7.12.1932

28) EN v. 1.4.1933

29) Der Begriff "Arier" stammt aus der Linguistik, nicht aus der Anthropologie. "Arya" war ursprünglich die Bezeichnung für die zu einer Sprachfamilie gehörenden Völker Indiens, Pakistans, Afghanistans und Persiens. Sie wurde von Sprachwissenschaftlern auf Slawen, Romanen, Kelten und Germanen ausgedehnt, die ebenfalls zum indogermanischen Sprachkreis gehören, nach: Sievers, Leo: Juden in Deutschland. Die Geschichte einer 2000jährigen Tragödie. Gütersloh o.J., S. 220.

30) EN vom 13.10.1933

31) Aussagen Herr und Frau Rostock

32) EN v. 24.5.1937

33) Arndt, Carl: a. a.0. S.164

34) Dokument v. William Oppenheim. Privatarchiv Harald Kirschninck

35) EN v. 21.3.1933

36) Dt. Wehrsportverband, 1931 geschaffen durch Vereinigung des Reichsbanners Schwarz-Rot-Gold (Bund dt. Kriegsteilnehmer, 1924 von SPD gegründet), der Freien Gewerkschaften und kleinerer Verbünde gegen die Harzburger Front (Mitgl. Stahlhelm, Deutschnationale, Nationalsozialisten, 1931 gegr. Zum Sturz der Regierung).

37) EN v. 1.4.1933

38) LAS Abt. 309 Nr. 22930; zit. n Elmshorn und Umgebung 1933 - 1945. 702 Jahre Haft für Antifaschisten. Frankfurt 1983. S. 45.

39) EN v. 16.12.1933

40) Reichsminister Dr. Frick in Dresden. EN v. 31.5.1934.

41) EN v. 7.4.1934

42) EN v. 13.6.1934

43) Arndt, Carl: a. a.0. S.164.

44) Nyssen, Elke: Schule im Nationalsozialismus. Heidelberg 1979. S.85

45) RGBl 1935 I S. 1146

46) RGBl 1935 I S. 1146ff

47) Protokolle des Magistrats (PM) v. 19. April 1933. Dieser Beschluss wurde am 6. August 1935 wiederholt. Stadtarchiv Elmshorn.

48) Aussage v. Frau Lötje u.a

49) Landesarchiv Schleswig: LAS 410,290. Bericht für Monat Februar.

50) EN vom 24.4.1935

51) EN v. 22.2.1938

52) EN v. 25.2.1938

53) Reichsgesetzblatt 1938. I. S.922

54) Reichsgesetzblatt 1938. I. S. 1044

55) Aus einem Bericht des Obersten Parteigerichts an Göring vom 3.Febr. 1939.- Doku-

ment 3063PS im Nürnberger Prozess gegen die Hauptkriegsverbrecher.zit. n.: Oppenheimer, a.a.O., S. 99f

56) zit. n.: Hauschildt, a.a.O., S.97.

57) ebenda

58) FS=Fernschreiben

59) Dok. 374-PS im Nürnberger Prozess gegen die Hauptkriegsverbrecher, zit. n.: Oppenheimer, a.a.O., S.100

60) Dok. 374-PS im Nürnberger Prozess gegen die Hauptkriegsverbrecher, zit. n.: Oppenheimer, a.a.O., S.100

61) The Central Archives for The History of the Jewish People, Jerusalem (CAHJP) P 40/ 32 - 3,2.

62) CAHJP P 40/ 32,1

63) Aussage v. Rudolf Oppenheim

64) Aussage Frau Lötje

65) EN vom 10.11.1938

66) EN v. 6.7.1939. Die Zahlen, die Krumbeck nennt, sind viel zu niedrig.

67) EN v. 25.2.1939

68) RGBl 1941 I Nr. 100

69) Vogel, a.a.O., S. 44

70) Vogel, a.a.O., S. 44.

71) Drobisch, a.a.O., S. 181.

72) Gedenktafel Synagoge

73) Personendatei Kirschninck. Über die Schicksale, s. Kirschninck, Harald: Der Zug ohne Wiederkehr, a.a.O

74) Besprechung der Beigeordneten v. 12.12.1938

75) Besprechung der Beigeordneten v. 21.3.1939

76) ebenda, 10.5.1940

77) ebenda, 10.1.1941

78) LAS Abt. 309 Nr. 21739

79) LAS Abt. 309 Nr. 21739

80) Auskunft von der Vorsitzenden der Jüdischen Gemeinde Elmshorn Alisa Fuhlbrügge

Name: Alexander Isaac
Jüd. Name: Sender ben Eisek (Isaac) Cohen
Geburtsname:
Geboren:
Gestorben: 25.10.1763
Eltern: Eisek (Isaac) Cohen
Ehepartner:
Kinder:

Beruf: Hausierer
Wohnort: Elmshorn, früher Hamburg und
                 Altona

(1)

Foto: Bert Sommer

פ״נ   *Hier ist begraben*
איש ישר כמ״ר   *ein aufrechter Mann, der geehrte Herr*
סענדר בן כ׳   *Sender, Sohn des geehrten*
אייזק כהן ז״ל   *Eisek Kohen, sein Andenken zum Segen,*
נפטר ונקבר   *verschieden und begraben*
ח״י מרחשון   *18. Marcheschvan*
תקד״ד לפ״ק   *524 der kleinen Zählung.*
תנצב״ה   *Seine Seele sei eingebunden in das Bündel des Lebens*

Nathanja Hüttenmeister. http://www.steinheim-institut.de:80/cgi-bin/epidat?id=elm-25.

„Der Name Sender leitet sich vom griechischen Namen Alexander ab, der schon seit der Antike bei Juden sehr beliebt war. Eisek ist eine deutsch-jüdische Koseform des biblischen Namens Jizchak/Isaak. Der Beiname Kohen bezeichnet die Abkunft aus dem Geschlecht der Hohepriester, die im Tempel für die Opfer zuständig waren und bis heute das Volk in der charakteristischen Fingerhaltung während des Gottesdienstes segnen." (Nathanja Hüttenmeister)

Nach dem Übergang Elmshorns unter dänische Herrschaft im Jahre 1727 versuchte die Obrigkeit, sich einen Überblick über die Juden und ihre Lage in Elmshorn zu verschaffen. Der damalige Administrator (2) v. Blome erhielt von der königlichen Regierung den Auftrag, die Elmshorner Juden zu verhören und danach Bericht zu erstatten. Blome (3) delegierte diesen Auftrag an den Kirchspielvogten Meyer (4) weiter, der am 28. Februar 1727 alle Juden befragte, darunter auch Alexander Isaac.

Alexander Isaac gab zu Protokoll, dass er seit 1723 in Elmshorn lebe. Sein vorheriger Wohnsitz war Hamburg, danach Altona. Er reise als Hausierer mit Nesseltuch, Cantun (5), Seidentüchern und Kalmanek in ganz Holstein auf dem Lande herum, um seine Waren abzusetzen. Er hätte kein Vermögen und habe seine Waren im Wert von 400-500 Rthl. nur als Kommissionsware. Alexander bezahle 2 Rthl Cronen Schutzgeld pro Jahr. (6)

In seinem Begleitschreiben an den König stellte v. Blome fest, dass die Elmshorner Judenschaft aus "gantz geringen und fast bettelarmen Leuten bestehet", die in den vergangenen Jahren jährlich 22 Reichsthaler in das Rantzauische Register bezahlt hätten. Da hierbei einige Juden nichts zu bezahlen brauchten, habe er, Blome, die Verfügung erlassen, dass die Juden, die keinen Schutzbrief besaßen, ebenfalls Schutzgeld bezahlen sollen, und zwar ein jeder 2 Reichsthaler Cronen. Die Elmshorner Bevölkerung sehe die Juden mit gemischten Gefühlen: Bäcker, Höker und diejenigen, die Buden und Stuben zu vermieten hätten, würden diese gerne sehen; anders verhalte es sich aber mit den Kaufleuten und Krämern (auch den Glückstädtern und den aus anderen Orten), die darüber klagten: "daß sie wenig oder nichts von ihren Waaren absetzen könnten, weilen die Elmshornischen Juden ihre Waaren denen Eingeseßenen auf dem Lande in ihre Häuser brachten, selbige, in Ansehung es mehrentheils schlechte verlegene Güther, um einen geringen Preiß verkauften und ihnen, denen contribuierenden Kaufleuten, großen Nachtheil und Präjudiz (7) zufügeten."

Blome fügte hinzu: "Wie ich denn auch finde, daß die Juden, und sonderlich auch diejenigen, welche arm sind und von andern ihre Waaren auf Credit nehmen müßen, dem Lande und denen Einwohnern mehr Schaden als Nutzen schaffen, indem dieselben, weil sie nicht angeseßen sind, und wenig zu verliehren haben, vermutlich zum öftern hazardieren (8), allerhand Unterschleif (9) zu machen, mit denen Hamburgern zu colludiren(10), folglich verschiedene Waaren aus Hamburg, Euer königl. Mayt. Verbohts ungeachtet, einzuführen, auch die Eingeseßenen mit schlechten Waaren zu betriegen, nicht weniger entweder selbst mit Diebereyen oder doch Erhandelung gestohlener Sachen einigen (Anm. Verf. Verdienst) zu suchen. Weswegen denn, meiner unmaßgeblichen allerunterthänigsten Meynung nach, denen gesamten Unterthanen in der Grafschaft Rantzau am besten gerathen seyn dürfte, wenn die armen oder sogenannten Betteljuden, welche ihres Unvermögens halber für ihre Mittel keine eigenen Häuser anschaffen können, auch sonsten gar nichts, gleich die meisten Elmshorner Juden, in Vermögen haben, und nur anderer auswärtiger Juden schlechte Waaren für einen geringen Genuß in Comission, abgeschaffet würden, indem dadurch die im Flecken Elmeshorn und Barmstedt wohnenden Kaufleute und Krähmer vielleicht zur Handlung und sonsten encouragiret (11) werden dürften, selber die Waaren um einen billigeren Preiß, als noch bishero nicht geschehen, zu verkaufen. Jedoch mögte wohl nöthig seyn, denenjenigen wenigen Juden, welche 10 und mehr Jahre in der Grafschaft gewohnet, auch Schutzbriefe vorhin erhalten und Frau und Kinder haben, eine gewiße Zeit zu setzen, binnen welcher sie entweder eigene Häuser anschaffen oder auch sich retiriren (12) müßen. Nun würden zwar Euer königl. Mayt., wenn die Elmshornischen Juden weggeschaffet werden sollten, vorerst dererselben Schutzgeld, als jährlich 58 Rthlr., aus dehro Rantzauischen Register verliehren. Es werden sich aber verhoffentlich mit der Zeit, wo nicht vermögende Juden, so ein gewißes Schutzgeld geben, doch wenigstens genugsame andere Einwohner, welche das ordinaire Verbittelgeld (13) erlegen, zu Elmeshorn einfinden und diesen Abgang einigermaßen wieder ersetzen. Wie sich denn schon ein Jude, namens Abraham Meyer, bey mir gemeldet, welcher immediate (14) nach Holland handelt und sich in Elmeshorn ein eigen Hauß bauen oder kaufen, auch jährlich in Euer königl. Mayt. Rantzauischen Register, nebst denen ordinairen Abgiften (15) für sein Hauß, 6 Rthlr. Cronen Schutzgeld erlegen will."(16)

Die Folge von Blomes Bericht war ein Rescript des dänischen Königs, in dem dieser die Niederlassung der Juden in Elmshorn neu regelte. König Friedrich IV. (17) erließ am 15. Sept. 1727 folgende Verordnung:

" (...) Wir befinden darauf allergnädigst für gut, und bewilligen, daß, so viel obangeregte sich vor der Hand zu Elmshorn befindliche Schutz-Juden anlanget, in so weit dieselbe jährlich ein gewisses an Schutz-Geld in das Gräfl. Rantzauische Register und ohne Nachstand erlegen, auch so lange ein jeder derselben sich ehrlich und unverweislich aufführen, und in Umsatz und Verkauffung ihrer etwa habenden Waaren mit denen Hamburgern oder Lübeckern keine Collusion (18) oder Mascopey (19) treiben, sondern durch glaubwürdige Attestata erweisen, daß sie dergleichen Waaren recta aus Holland oder Engelland über Glückstadt oder Altona erhalten, nach wie vor zu Elmshorn verbleiben und ihr Brodt zu gewinnen suchen mögen. Daferne aber hiernächst andere fremde Juden, sich zu Elmshorn niederlassen zu wollen, sich anmelden würden, wollen Wir nicht gestatten, daß dergleichen Juden mehr daselbst admittiret (20) oder recipiret (21) werden, es sei denn, daß einer oder der andere derselben vorhero erweislich darthue und verificire, würcklich so viel im Vermögen und in Effecten (22) zu besitzen, daß er sich ein eigen Haus zu Elmshorn ankauffen könne, überdies auch sich verpflichte, mit der Handlung recta aus Holland oder Engelland etwas Rechtschaffenes anfangen und ins Werk setzen, oder auch einige Manufactur oder Fabrique anlegen zu wollen. Auf welchen Fall dann, und anderer Gestalt nicht, dergleichen fremde Juden mehr als Schutz-Juden zu Elmshorn hinfüro angenommen werden sollen (...)." (23)

Diese Verordnung wurde später noch verschärft, bevor sie dann in ein Privileg zum Hausieren für die Elmshorner Juden umgewandelt wurde. (24)

Anmerkungen:

1) LAS Abt.65.1 Nr. 1481
2) Administrator= Oberbeamter, der die Grafschaft führte. Der Administrator hat die Besorgung sämtlicher Administrativsachen, fordert die Berichte der Unterbeamten und berichtet, wo es erforderlich ist, an die höheren Kollegien. Aufgaben: Aufsicht über die Steuereinnahme, Inspektion der Kassen, Ausübung der Zivil-, Kriminal- und Polizeijustiz in alleiniger Person, Verwaltung der Polizei, Präses im Landgericht, Regulierung der Erbteilungen und

der Konkurse, Errichtung von Testamenten, Führung des Schuld-und Pfand-protokolls, Oberaufsicht über das Vormundschaftswesen, Oberaufsicht über die Deiche und Entwässerungsanstalten. Mit dem Oberkriegs-kommissair: Anwerbung des Landmilitärs und der Seestreitkräfte, mit dem Forst- und Jägermeister: Besorgung der Forst-, Moor- und Jagdangelegen-heiten, mit dem Probsten: Aufsicht über das Kirchen- und Schulwesen, über Armenangelegenheiten und milden Stiftungen. Nach: Rauert, a.a.O., S. 154 f. Administratoren der Grafschaft von 1726-1840: 1726 - 1730: Konferenz-rat v. Blome 1730 - 1738: Christian Albrecht John; 1738 - 1768: Georg Wil-helm Baron v. Söhlenthal; 1768 - 1784: Christian v. Brandt; 1784 - 1789: Joh. Otto Niemann; 1789 - 1795: Friedr. v. Bardenfleth; 1795 - 1798: Hinr. Fr. v. Eggers: 1798 - 1807: Nicolaus Otto Baron v. Pechlin; 1808 - 1826: Au-gust v. Hennings; 1826 - 1829: Hans Christ. Diedr. Victor v.Stemann; seit 1829: Otto Johann v. Stemann; nach: Rauert, a.a.O., S.21f.

3) Administrator v. Blome: Konferenzrat, Gouverneur und Amtmann v. Stein-burg, Administrator bis Dez. 1730; Verbitter des Klosters Itzehoe, Erbherr zu Farve und Neversdorf. nach: Rauert, a.a.O., S.21

4) Kirchspielvogt Meyer: Amtszeit 1726 – 1755

5) Cantun = vermutl. Kattun = Baumwollstoff

6) LAS Abt. 65.1 Nr. 1481

7) praejudiz= Vorurteil, Vorentscheidung hier: Beeinträchtigung

8) hazardiren= Glückspiel betreiben

9) Unterschleif= Veruntreuung

10) colludiren= mit jdm. unter einer Decke stecken

11) encouragiret= ermutigen

12) retiriren= sich zurückhalten, sich zurückziehen; hier: wegziehen

13) Verbittelgeld= herrschaftl. Abgabe

14) immediate= unmittelbar

15) Abgiften= Abgaben

16) LAS Abt. 65.1 Nr. 1481

17) Friedrich IV. v. Dänemark: 1671- 1730, König von 1699 -1730; kämpfte um den gottorfischen Anteil von Schleswig mit Polen und Russland gegen Karl XII. von Schweden und konnte ihn 1720 besetzen; förderte das Schulwesen und hob die Leibeigenschaft der Bauern auf, die er jedoch 1724 der Schol-lenpflichtigkeit (Bindung an das adlige Gut) unterwarf.

18) Collusion= geheimes Einvernehmen

19) Mascopey = Handelsgesellschaft mit mehreren Personen

20) admittiret= zugelassen

21) recipire= aufnehmen, zulassen

22) Effecten= Wertpapiere, Besitz

23)   CCH Bd. III, S. 1465 f
24)   Vgl. Kirschninck, Harald: Die Geschichte der Juden in Elmshorn. 1685-1918.
        Isolierung. Assimilation. Emanzipation. Band 1. Norderstedt 2017. S.29ff.

2   Mosche Mordechai Kaz (= Marcus Michel Cohen)

Name:	Marcus Michel Cohen
Jüd. Name:	Mosche Mordechai Kaz
Geboren:	
Gestorben:	20. 2. 1813 (20. Adar 5573)
Eltern:	Michel Kaz
Ehepartner:	Mariane, geb. Levin (=Mirjam Löb)
Kinder:	7; David Marcus, Michel Marcus, Gitel
Beruf:	Hausierer mit Ellenwaren
Wohnort:	Elmshorn (1)
Hist. Grabnr.	1

Foto: Bert Sommer

פ"נ	*Hier ist begraben*
איש תם וישר	*›ein lauterer und aufrechter Mann‹,*
כ' משה מרדכי	*der geehrte Mosche Mordechai,*
ב"ר מיכל כ"ץ נפט'	*Sohn des Herrn Michel KaZ, verschieden*
בש"ק ך' אדר	*am heiligen Schabbat, 20. des ersten*
ראשון ונקבר יו'	*Adar, und begraben Tag*
ב' ך"ב א"ר תקע"ג	*2, 22. des ersten Adar 573.*
תנצב"ה	*Seine Seele sei eingebunden in das Bündel des Lebens*

Nathanja Hüttenmeister. http://www.steinheim-institut.de:80/cgi-bin/epidat?id=elm-2.

Marcus Michel Cohen war verheiratet mit Mariane Levin. Das Paar hatte mindestens sieben Kinder, darunter David Marcus, Michel Marcus und Gitel. Marcus verdiente den Lebensunterhalt mit dem Hausieren mit Ellenwaren. Er starb am 20.2.1813.

Weitere auf dem Friedhof beerdigte Familienangehörige:

Ehefrau: Mirjam bat Löb Schochet, Gattin des Mordechai Hakohen (Grabst. 9)
Söhne: Michel Marcus Cohen (Grabst. 13); David Cohen (Grabst. 3)
Tochter: Gitel Cohen (Grabst. 12)

Der Familienname Katz stammt ab vom Wort KaZ für das hebräische Kohen Zedek was wiederum "gerechter Priester" bedeutet. (3) Es zeigt die Abstammung vom Priester-Geschlecht der Kohanim Das hebräische Wort für Priester ist „Kohen"; die „Kohanim" (Plural) vermittelten zwischen Gott und den Menschen. Im Tempel brachten Sie das Opfer dar und sprachen den Segen über das Volk. Da Abbildungen von Menschen nicht erlaubt sind, werden die Hände "falsch" dargestellt. (4)

Dieses häufig gebrauchte Symbol zeigt zwei Hände, die an den Daumen zusammenstoßen, wobei meist Ring- und kleiner Finger abgespreizt abgespreizt sind. Dieses Symbol findet sich nur auf Gräbern von Nachkommen des Priesterstammes (hebräisch *cohen* = Priester). Alle Nachkommen der *cohanim* haben im Sabbatmorgengottesdienst die Aufgabe, das Volk mit dieser Handhaltung priesterlich zu segnen. Der Priestersegen, der sich bis heute in der Synagoge erhalten hat, geht auf Numeri 6,22-26 zurück.

„Und der Ewige redete zu Moscheh also:
Rede zu Aharon und zu seinen Söhnen und sprich:
Also sollt ihr segnen die Kinder Israels, sprich zu ihnen:
Es segne dich der Ewige und behüte dich;
Der Ewige lasse dir leuchten sein Anlitz und sei dir gnädig;
Der Ewige wende sein Anlitz dir zu und gebe dir Frieden!" (5)

Der Name Cohen, Cohn, Kohn etc. wurde in Zeiten blutiger Verfolgung manchmal gegen einen anderen eingetauscht, um die besonders exponierte Form priesterliche Familie vor der Ausrottung zu schützen. (6)

Anmerkungen

1) Nach: http://calendar.zoznam.sk/jewish_calendar-de.php?ly=1813
2) Zit. n. Nathanja Hüttenmeister. http://www.steinheim-institut.de:80/cgi-bin/epidat?id=elm-2.
3) Nach Wikipedia
4) Nach Jüdische Symbolik. Museum Schloß Graubheim. Pädagogischer Arbeitskreis.
5) http://spurensuche.steinheim-institut.org/jsymb.html
6) http://www.postmortal.de/Religionen/Juden/JuedischeGrabmalsymbolik/juedischegrabmalsymbolik.html

Fotos: Bert Sommer

Name:	Dr. med. Markus Michel Cohen
Jüd.Name:	Mordechai ben Jechiel Hakohen
Geboren:	9.6.1813 (11.Siwan 5573) in Meldorf
Gestorben:	4.5.1863 (15. Ijar 5623) in Elmshorn
Eltern:	Kaufmann Michel Markus Cohen und Liebe Cohen, geb. Marcus
Ehepartner:	Sara Samson aus Kiel
Kinder:	u.a. Minna, Joseph, 2. Tochter
Beruf:	Arzt
Wohnort:	Meldorf
Flamweg	in Elmshorn (1)
Hist. Grabnr.:	10

פ״נ	Hier ist begraben -
משכילים יזהירו כזוהר הרקיע	›die Verständigen werden glänzen wie der Glanz des Himmels‹,
רצון קוננו עשה והצליח	den Willen unseres Schöpfers tat er und war erfolgreich,
דרך ישר כל ימיו הלך	den rechten Weg ging er all seine Tage,
כתר כהונה וכתר שם טוב כבדודו 5	mit ›der Krone der Priesterwürde und der Krone des guten Namens‹ war er geehrt,
ישל[ם ה׳] כל פעליו אשר עשה	vergüten möge der Ewige all seine Taten, die er vollbrachte,
ה״ה כ׳ מרדכי הרופא ב[״]ר יחי[אל] הכהן	es ist der geehrte Mordechai, der Arzt, Sohn des Herrn Jechiel Hakohen,
כאבים ...יהו [...]	Schmerzen [...] ihn [...]
הלך לע[ו]למו [...]	›er ging hin in seine Welt‹ [...]
נספד באבל גדול[...] 10	und wurde betrauert mit großer Trauer [...]
תרכ״ג לפ״ק	623 der kleinen Zählung.
תנצב״ה	Seine Seele sei eingebunden in das Bündel des Lebens

Ruhestätte für
Dr. med
Markus Michel Cohen

Du ruhst hier früh, doch ewig wirkt und lebt,
Was du als Jude, Arzt und Mensch erstrebt.
Schon jetzt erfüllt war deines Geistes Sendung,
Drum rief dich Gottes Wille Zur Vollendung
Die Hülle bricht, doch auch die Menschheit
(Rest unleserlich, zerkratzt)

Nathanja Hüttenmeister. http://www.steinheim-institut.de:80/cgi-bin/epidat?id=elm-7.

Marcus Michel Cohen, Sohn des Michel Marcus Cohen und der Liebe Cohen, geb. Marcus, wurde am 9.6.1813 in Meldorf geboren. Er machte zu Ostern

1830 sein Abitur in Meldorf und schrieb sich am 29.4.1830 als 17jähriger an der „Christian Albrechts Universität" in Kiel ein und studierte Medizin (2), praktizierte dann als Arzt in Barlt bei Meldorf und später in Elmshorn. Er heiratete in Elmshorn die Kielerin Sara Samson und sie bekamen mindestens drei Kinder: Minna (1841), eine weitere unbekannte Tochter und Joseph. (3)

Als Arzt, Dr. medicinae rote promotus, brauchte er seit 1837 kein Schutzgeld mehr bezahlen. (4) Nach seinem Umzug nach Elmshorn engagierte er sich stark in der Jüdischen Gemeinde. Am 3.4.1842 wurde er zum Schulvorsteher gewählt, 1844 erneut zum Schulvorsteher, ebenfalls 1848, 1841 zum Vorsteher und 1854 erneut zum Vorsteher der Gemeinde. (5)
Im Jahr 1840 lebte er mit 3 Familienmitgliedern in Elmshorn. (6)
Markus Michel Cohen starb am 4.5.1863 in Elmshorn, seine Frau Liebe am 9.3.1847.

Dr. Cohens Tochter Minna, geb. am 21.7.1841, heiratete 1862 den Rabbiner Dr. Levi (Leopold) Kleeberg.
„Levi Kleeberg, am 14. Juli 1832 in Hofgeismar/Kurhessen als Sohn des Uhrmachers Lucas Kleeberg geboren, besuchte bis zu seinem 15. Lebensjahr Schulen seiner Geburtsstadt, bevor er auf ein Rabbinerseminar wechselte und später bei Dr. Israel Hildesheimer (1820-1899) sein Rabbinerdiplom erhielt. 1856 schrieb er sich in der Universität Göttingen ein und promovierte dort 1859 in Philosophie. Im selben Jahr war Kleeberg für kurze Zeit (7) als Lehrer in der holsteinischen Stadt Elmshorn tätig, wo er vermutlich die am 21. Juli 1841 geborene Minna Cohen kennenlernte. Sie war die zweite Tochter des jüdischen Arztes Marcus Michael Cohen und seiner Frau Sara, geb. Samson.
Minnas Vater war Vorsteher der örtlichen jüdischen Gemeinde, engagierte sich in jüdischen Belangen und nahm auch durch Veröffentlichungen in der Presse Stellung. Minna Cohen hatte eine sorgfältige Erziehung genossen, war historisch und künstlerisch gebildet und kannte sich bestens aus in deutscher, französischer und englischer Literatur und Philosophie. Was Levi Kleeberg aber besonders faszinierte, war ihr Tagesplan, den sie an der Wand ihres Arbeitszimmers angeschlagen hatte. In diesem Tagesplan hatte sie allen Stunden vom frühen Morgen bis zum Abend bestimmte Aufgaben zugeordnet, die sie bis ins Kleinste erfüllte. „Haushaltspflichten waren ebenfalls aufgeführt, nicht jedoch unbedeutende oder nichtige Dinge." Der Rabbi „war tief beeindruckt

von dieser hingebungsvollen Einstellung zum Leben" und sein „Herz flog ihr zu."

Drei Jahre später, im Juli 1862, heirateten Minna Cohen und Levi Kleeberg, der seit September 1861 in Elberfeld als Rabbiner arbeitete. Im selben Jahr erhielt Kleeberg einen Ruf an die Synagoge der jüdischen Gemeinde „Adas Israel" in Louisville, Kentucky, den er auch annahm. Im August 1866 wurde der Rabbiner von seiner Gemeinde verabschiedet, um am 3. September mit der „Allemannia" von Hamburg nach New York zu fahren. Mittlerweile waren Minna und Levi Kleeberg drei Kinder geboren worden: schon 1863 die Zwillinge Jenny und Cäcilie, und erst ein halbes Jahr vor der Ausreise, im Mai, der Sohn Marcus. Im Frühjahr 1877 wurde Levi Kleeberg als Rabbiner an die Reformsynagoge Mishkan Israel in New Haven, Connecticut berufen. Minna, damals schon schwer an Brustkrebs erkrankt, starb dort fast zwei Jahre später, am 31. Dezember 1878, erst 37 Jahre alt, und wurde am 2. Januar 1879 auf dem Friedhof der jüdischen Gemeinde Mishkan Israel in New Haven beerdigt. (9)

„From childhood, Minna Kleeberg protested against the "subordinate role which tradition and custom has assigned to woman." She cried bitterly on reaching her thirteenth birthday and again on the following Sabbath because she was denied the right of Jewish boys to take part in the public reading of the Torah. So strong was her feeling that she refused to repeat the traditional phrase of the old ritual, "God be praised that he has created me according to his will." Her deep-seated conviction was given voice in one of her earliest poems titled, "After God's Will." (10)

„Minna Kleeberg war schon vor ihrer Eheschließung eine selbständige und engagierte Person, deren dichterisches Talent von den Eltern und auch später von ihrem Mann gefördert wurde, so dass sie schon früh durchaus selbstbewusst Gedichte bei verschiedenen Zeitschriften zum Abdruck einreichte. ... Erst 1877 erschien bei Henry Knöfel in Louisville und Willmer&Rogers in New York Minna Kleebergs erste und einzige Gedichtsammlung in Buchform, die 85 Gedichte enthält." (11)

Grabstelle Minna Kleeberg, geb. Cohen, in New Haven
Photo von Werner Hirsch, aus: http://www.dithmarschen-wiki.de/Kleeberg,_Minna

„DAS IST DER UNSTERBLICH-
KEIT WEHEN!
MEINE DICHTERSEELE VER-
GEHT;
DENN STETS WIRD SIE
AUFERSTEHEN
IN DER SEELE, DIE SIE
VERSTEHT."

כי אם יש אחרית
ותקותך לא תכרת

Weitere auf dem Friedhof beerdigte Familienmitglieder sind:
Vater: Michel Marcus Cohen (Grabst. 13)
Mutter: Liebe Cohen geb.Marcus (Grabst. 7)
Bruder: Bärmann Cohen (Grabst. 10)
Schwester: Röschen Cohen (Grabst. 6), Gitel (Grabst. 12)

Anmerkungen:

1) Friedhofsbuch, Zivilstandsregister, Umrechnung der Daten nach: http://calendar.zoznam.sk/jewish_calendar-de.
2) Das Album der Christian-Albrechts-Universität zu Kiel 1665 – 1865. Digitale Bestände der Universitätsbibliothek, S. 242f
3) Zitiert nach: Ulrike Schrader, Es steh'n diese Hallen in Ewigkeit! Die Einweihung der Elberfelder Synagoge vor 140 Jahren und die Dichterin Minna Kleeberg, o. O. o. J.
4) LAS Abt. 66 Nr.4768
5) Gemeindeprotokolle, Privatarchiv Kirschninck
6) LAS Abt. 65.2 Nr. 440 II
7) Von 1860 bis Ostern 1861
8) Schrader, a.a.O.
9) Ebenda
10) Jewish Society of New Haven Inc, Jews in New Haven, Vol. V., Judith A. Schiff: Minna Kleeberg: A Poet for all the world, New Haven 1988
11) Schrader, Ulrike, a.a.O. Eine sehr gute Schilderung der Biografie der Familie Cohen in Meldorf findet sich In: Rehn, Marie-Elisabeth: Juden in Süderdithmarschen. Fremde im eigenen Land. Herzogtum Holstein 1799-1858. Konstanz 2003.

Vorderseite: Foto Bert Sommer   Rückseite: Foto Bert Sommer

Name:	Ely Moses Ely
Jüd. Name:	Elijahu ben Mosche
Geboren:	1.6.1839
Gestorben:	22.12.1914 in Elmshorn (5. Tewet 5675)
Eltern:	Ev. Schlachter Ely Michel Ely und ?
Ehepartner:	Jenny Ely, geb. Rosenberg
Kinder:	Max (1871), Iwan (1872), John (1873), Olga (1875), Gustav (1877), Karl (1882)
Wohnort:	Flamweg 8 in Elmshorn
Beruf	Viehhändler (1)
Hist. Grabsteinnr.:	189-191

	Rechte Seite
פ״נ	Hier ist begraben
האשה שינכא בת אהרון	die Frau Schönche, Tochter des Aharon,
נפטרה ביום ג׳ כ״ו באב	verschieden am Tag 3, 26. im Aw 667 der
תרס״ז לפ״ק	kleinen Zählung,
ונקברה ביום ה׳ כ״ח באב	und begraben am Tag 5, 28. im Aw.
תנצב״ה	Ihre Seele sei eingebunden in das Bündel des
	5 Lebens
פ״נ	Hier ist begraben
האיש ר׳ אליהו ב״ר משה	der Mann, Herr Elijahu, Sohn des Herrn Mosche,
מת ביום ה׳ טבת תרע״ה לפ״ק	gestorben am Tag des 5. Tewet 675 der kleinen Zählung,
ונקבר ביום ז׳ טבת	und begraben am Tag des 7. Tewet.
תנצב״ה	Seine Seele sei eingebunden in das Bündel
	10 des Lebens
	Linke Seite
פ״נ	Hier ist begraben
הבחור יחיאל בן אליהו	der Junggeselle Jechiel, Sohn des Elijahu,
נפטר ביום ג׳ כ׳ בתמוז	verschieden am Tag 3, 20. im Tammus 667 der
תרס״ז לפ״ק	kleinen Zählung,
ונקבר ביום ה׳ כ״ב בתמוז	und begraben am Tag 5, 22. im Tammus.
תנצב״ה	Seine Seele sei eingebunden in das Bündel des
	15 Lebens

Rückseite links

Jenny Ely
geb. Rosenberg
geb. 19. Febr. 1844,
gest. 6. Aug. 1907.
Ely Moses Ely   **20**
geb. 1. Juni 1839,
gest. 22. Dez. 1914.

Rückseite rechts

Karl Ely
geb. 22. Jan. 1882,
gest. 2. Juli 1907.

Ely Moses Ely wurde am 1. 6.1839 geboren und war von Beruf Viehhändler und Schlachter. Am 14. Juni 1868 heiratete er in Wunstorf bei Hannover Jenny Rosenberg. (2) Sie lebten im Flamweg 8 in Elmshorn und bekamen sechs Kinder: Max (1871), Iwan (1872), John (1873), Olga (1875), Gustav (1877) und Karl (1882). Von 1892 bis zu seinem Tod 1914 gehörte er dem Vorstand der jüdischen Gemeinde an, 1913 auch dem Ausschuss für die Urnenbestattung. (3) Am 14.7.1913 protestierte er dagegen, dass die Entscheidungen für einen Urnenfriedhof vom Gemeindevorsitzenden an den Oberrabbiner von Altona gegeben wurden. (4) Seine Frau Jenny Ely nahm sich am 6.8.1907 das Leben, in dem sie in die Krückau ging. (5) Kurze Zeit vorher starb sein Sohn Karl am 2.7.1907 an einer schweren Krankheit. (6)

Der älteste Sohn Max Ely wurde am 13.4.1871 in Elmshorn geboren. Er wanderte 1885 als 14jähriger in die USA aus. Er reiste unter einer falschen Identität mit dem Schiff „Frisia" aus. Er gab sich als Sohn seines Onkels aus und schummelte auch beim Alter (9 Jahre anstelle des richtigen Alters von 14) (7). Er wurde von Beruf Buchhalter, und lebte 1900 in Demopolis, Alabama, bei seinem Onkel Morris Ely. (8) 1910 war Max geschieden und lebte immer noch in Demopolis. (9) Am 16.2.1911 heiratete er mit 40 Jahren die 26jährige Blanche Richard. (10) 1915 bekamen sie ihren Sohn Richard, der noch 1940 bei ihnen in Mobile City in Alabama lebte. (11)
Iwan Ely, das zweite Kind von E.M. Ely und Jenny wurde nur sechs Wochen alt. Er wurde am 31.8.1872 geboren, am 8.9.1872 beschnitten und am 9.10.1872 verstarb er in Elmshorn. (14)

John Ely, das dritte Kind, wurde am 9.8.1873 in Elmshorn geboren. Seine Beschneidung fand am 16.8.1873 statt. (15) Er nahm am 1. Weltkrieg teil und stand auf der Gedenktafel für die jüdischen Weltkriegsteilnehmer in der Synagoge. (16) John heiratete 1900 Emilie Zinner (17) und sie bekamen drei Kinder: Irmi (1901), Walter (1903) und Herbert (1910). (18) In Elmshorn führte John Ely ein Manufakturwarengeschäft in der Königstrasse 19. (19) Die Familie wohnte in der Königstrasse 8. (20) Auf einer Hauswand in der Holstenstraße war bis in die 80er/90er Jahre des 20.Jh. noch die Reklame für das Geschäft von John zu sehen. (21)

Anzeige Elmshorner Nachrichten, o.J.

John war nicht nur in der jüdischen Gemeinde sehr aktiv, sondern auch im EMTV, dem er vom 12.1.1899 angehörte und dessen Ehrenförderer er war. (22) Er war Mitglied in der „Sanitätskolonne des Roten Kreuzes" und bekleidete 1903 das Amt des Schriftführers. (23) John Ely gehörte zu den Befürwortern des jüdischen Urnenfriedhofes. (24)

1939 zog John nach Hamburg in die Klosterallee 29. Er wohnte dort bei Familie Schütt. (25)

Am 27.10.1939 gelang es der Familie Ely mit dem Schiff „Zaandam" von Rotterdam nach New York zu emigrieren, wo sie von da an lebten. (26)

Ihre Tochter Irma Ely, geb. am 27.5.1901 in Elmshorn (28), besuchte hier das Lyceum (29) und heiratete am 10.2.1923 in Elmshorn den Zahnarzt Dr. Leo Rosenberg. (30) Diese Ehe wurde nach 10 Jahren laut Urteil des Landgerichts in Köln v. 23.12.1933 wieder geschieden. (31) Irma war in Elmshorn Mitglied des „Kegelklub v. 1896". (32) Ihr gelang es später nach Buenos Aires (Argentinien) auszuwandern. (33)

Ihr Bruder Walter Ely wurde am 8.8.1903 in Elmshorn geboren (34) und besuchte von 1913 (VI) bis 1919 (OIII) die „Bismarckschule". (35) Er arbeitete bei nach Aussagen eines Zeitzeugen bei einer Versicherung. (36) Er heiratete Erna, geb. 1908 in Krumbach als Tochter von Bertha und Gustav Goltz, (37) bekam 1930 eine Tochter Margot. (38) Am 14. Juni gelang es der Familie mit dem Schiff „SS Washington" nach New York auszuwandern. (39) Als Ziel gaben sie den Walters Onkel, E. Zinner, in Philadelphia an. (40) Sie blieben aber in New York. Im Jahre 1940 lebte die Familie in New York, in der Bronx, zusammen mit den Schwiegereltern. (41)

Sein Bruder Herbert Ely wurde in Elmshorn am 28.5.1910 geboren. (42) Er besuchte von 1920 (VI) – 1927 (UII) die „Bismarckschule". (43) Herbert war sehr sportlich. Zusammen mit Rudolf Baum waren sie Mitglieder in der 1. Wasserballmannschaft von „Holsatia". (44) Er heiratete die fünf Jahre ältere Eva, geb. 1905. und sie bekamen 1940 ihren Sohn Gerald. (45) 1940 lebten sie zusammen mit John und Emily Ely in New York auf der Insel Manhattan. (46)

Olga Ely wurde als viertes Kind des Viehhändlers Ely Moses Ely und seiner Frau Jenny, geb. Rosenberg, am 14.2.1875 in Elmshorn geboren. (47) Sie heiratete am 12.4.1901 in Elmshorn den Kaufmann Alfred Lippstadt (48), geb. am 15.11.1874 als Sohn des Elmshorners Kaufmanns Kallmann Lippstadt und seiner Frau Auguste Lippstadt, geb. Ascher. (49) Biographische Daten von Alfred Lippstadt sind nicht bekannt. Er muss allerdings schon vor 1943 verstorben sein, da Olga, die es geschafft hat, nach England zu flüchten, am 15.9.1943 von England aus mit dem Schiff „Britannic" in die USA emigrierte und dabei den Familienstand „Witwe" angab. (50) 1949 wurde sie in New York, Brooklyn, eingebürgert. (51)

Olga bekam 1897 die uneheliche Tochter Hildegard Ely, die von Alfred Lippstadt vermutlich adoptiert wurde. Diese heiratete später Hermann Conrad, geb. 1896, und wohnte in Berlin. (52) Hildegard Conrad konnte in die USA nach New York emigrieren, wo sie 1940 mit ihrem Ehemann lebte. (53) Später zog sie nach Laconia, Belknap, New Hampshire. Olga zog zu ihrer Tochter und starb am 28.12.1958 und wurde auf dem Friedhof Union Cemetery beerdigt. (54) Die Ehe von Hildegard und Hermann Conrad blieb vermutlich kinderlos. 1986 verstarb Hildegard mit 89 Jahren. (55)

Gustav Ely war das fünfte Kind von E.M. Ely und seiner Frau Jenny. Er wurde am 10.1.1877 in Elmshorn geboren. (56) Von ihm fanden sich keine biografischen Daten. Vermutlich ist er am 13.5.1922 mit dem Schiff „Ryndam" von Rotterdam nach New York emigriert. (57)

Karl Ely war das sechste Kind der Familie E.M. Ely. Er wurde am 22.1.1882 in Elmshorn geboren. (58) Im Jahre 1907 Karl sehr krank und starb am 2.7.1907 im Krankenhaus Altona. (59) Seine Mutter Jenny Ely kam über seinen Tod nicht hinweg, obgleich sie noch fünf weitere Kinder zur Welt gebracht hatte. Sie nahm sich am 6.8.1907 das Leben, in dem sie in die Krückau ging. Als Todesursache wurde „Wassersucht" vermerkt. (60)

Weitere auf dem Friedhof beerdigte Familienmitglieder sind:

Vater von Ely Moses Ely: Moses Ely (Grabst. 197)
Mutter von Ely Moses Ely: Rosette Ely geb. Rosenberg (Grabst. 196)

Anmerkungen:

1   Kennkarte, Einwohnerverzeichnis 1900, Personendatei Kirschninck
2   Zivilstandsregister Jüdische Gemeinde
3   Gemeindeprotokolle, Amtl. Nachr. Kreis Pbg, LAS Abt. 309 Nr. 21592
4   Gemeindeprotokolle v. 14.7.1913
5   Vgl. S. 334f
6   Ebenda
7   "New York, Passenger Lists, 1820-1891," index and images, *FamilySearch* (https://familysearch.org/ark:/61903/1:1:QVSV-CQSV : accessed 24 April 2015), Max Ely, 1885; citing NARA microfilm publication M237 (Washington, D.C.: National Archives and Records Administration, n.d.); FHL microfilm .
8   "United States Census, 1900," index and images, *FamilySearch* (https://familysearch.org/ark:/61903/1:1:M9D8-4VY : accessed 24 April 2015), Max Ely in household of Morris Ely, Demopolis Demopolis city, Marengo, Alabama, United States; citing sheet 9B, family 246, NARA microfilm publication T623 (Washington, D.C.: National Archives and Records Administration, n.d.); FHL microfilm 1,240,029.
9   "United States Census, 1910," index and images, *FamilySearch* (https://familysearch.org/ark:/61903/1:1:MK7X-GPY : accessed 24 April 2015), Max Ely, Demopolis, Marengo, Alabama, United States; citing enumeration district (ED) 40, sheet 21B, family 595, NARA microfilm publication T624 (Washington, D.C.: National Archives and Records Administration, n.d.); FHL microfilm 1,374,037.
10 "Alabama, County Marriages, 1809-1950," index and images, *FamilySearch* (https://familysearch.org/ark:/61903/1:1:VRVQ-5S6 : accessed 24 April 2015)

11   "United States Census, 1940," index and images, *FamilySearch* (https://familysearch.org/pal:/MM9.1.1/V1PV-BDF : accessed 24 April 2015), Max Ely, Ward 8, Mobile, Mobile City, Mobile, Alabama, United States; citing enumeration district (ED) 49-106, sheet 13B, family 284, NARA digital publication T627 (Washington, D.C.: National Archives and Records Administration, 2012), roll 65.

12   "United States Census, 1920," index and images, *FamilySearch* (https://familysearch.org/ark:/61903/1:1:MXD4-9HT : accessed 24 April 2015), Max Ely, Montgomery Ward 2, Montgomery, Alabama, United States; citing sheet 6A, family 159, NARA microfilm publication T625 (Washington D.C.: National Archives and Records Administration, n.d.); FHL microfilm 1,820,036.

13   "Find A Grave Index," index, *FamilySearch* (https://familysearch.org/ark:/61903/1:1:QV2B-3VS3 : accessed 17 April 2015), Max Ely, 1954; Burial, Mobile, Mobile, Alabama, United States of America, Springhill Avenue Temple Cemetery; citing record ID 81060236, *Find a Grave*, http://www.findagrave.com.

14   Personendatei Kirschninck, Kennkarte, Zivilstandsregister

15   Zivilstandsregister Jüdische Gemeinde, Kennkarte, Personendatei Kirschninck

16   Gedenktafel in der Synagoge, s. S. 63

17   Kennkarte, Personendatei

18   Ebenda

19   Anzeige Elmshorner Nachrichten o.J.

20   Hand- und Adressbuch des Kreises Pinneberg 1903 (Seite 242)

21   Heute übertüncht

22   Röschmann-Festschrift, 75 Jahre EMTV, a.a.O.

23   Bericht über Verwaltung der Stadt Elmshorn.1903-1914., a.a.O.

24   Gemeindeprotokolle der jüdischen Gemeinde, a.a.O.

25   Einwohnermeldeamt, Personendatei Kirschninck

26   "New York, New York Passenger and Crew Lists, 1909, 1925-1957," index and images, *FamilySearch* (https://familysearch.org/ark:/61903/1:1:242T-JZY : accessed 17 April 2015), John Ely, 1939; citing Immigration, New York, New York, United States, NARA microfilm publication T715 (Washington, D.C.: National Archives and Records Administration, n.d.); FHL microfilm 1,758,154.

27

28   Kennkarte, Personendatei Kirschninck

29   Personendatei Kirschninck

30   Zivilstandsregister Jüdische Gemeinde, Kennkarte

31   Urteil Landgericht Köln v. 23.12.1933, Anmerkung auf Kennkarte

32   Nach Aussagen von Herrn Kelting

33   ebenda

34   Kennkarte

35   Archiv Bismarckschule

36   Nach Aussagen von Herrn Kelting

37   "United States Census, 1940," index and images, *FamilySearch*
      (https://familysearch.org/ark:/61903/1:1:KQLS-F27 : accessed 24 April 2015),
      Walter Ely, Assembly District 8, Bronx, New York City, Bronx, New York, Unit-
      ed States; citing enumeration district (ED) 3-1314A, sheet 8B, family 177, NA-
      RA digital publication T627 (Washington, D.C.: National Archives and Records
      Administration, 2012), roll 2493.

38   Ebenda

39   "New York, New York Passenger and Crew Lists, 1909, 1925-1957," index and
      images, *FamilySearch* (https://familysearch.org/ark:/61903/1:1:2424-YVB :
      accessed 18 May 2015), Walther Ely, 1938; citing Immigration, New York,
      New York, United States, NARA microfilm publication T715 (Washington,
      D.C.: National Archives and Records Administration, n.d.); FHL microfilm
      1,757,910.

40   ebenda

41   "United States Census, 1940," index and images, *FamilySearch*
      (https://familysearch.org/ark:/61903/1:1:KQLS-F27 : accessed 24 April 2015),
      Walter Ely, Assembly District 8, Bronx, New York City, Bronx, New York, Unit-
      ed States; citing enumeration district (ED) 3-1314A, sheet 8B, family 177, NA-
      RA digital publication T627 (Washington, D.C.: National Archives and Records
      Administration, 2012), roll 2493.

42   Kennkarte, Personendatei Kirschninck

43   Archiv Bismarckschule

44   Interview mit Rudolf Baum

45   "United States Census, 1940," index and images, *FamilySearch*
      (https://familysearch.org/ark:/61903/1:1:KQS1-6MK : accessed 24 April
      2015), John Ely in household of Herbert Ely, Assembly District 23, Manhattan,
      New York City, New York, New York, United States; citing enumeration dis-
      trict (ED) 31-2014, sheet 15A, family 322, NARA digital publication T627
      (Washington, D.C.: National Archives and Records Administration, 2012), roll
      2673.

46   Ebenda

47   Kennkarte, Personendatei Kirschninck

48   ebenda

49   ebenda

50   "New York, New York Passenger and Crew Lists, 1909, 1925-1957," index and
      images, *FamilySearch* (https://familysearch.org/ark:/61903/1:1:2H9K-13X :

accessed 15 April 2015), Olga Lippstadt, 1943; citing Immigration, New York City, New York, United States, NARA microfilm publication T715 (Washington, D.C.: National Archives and Records Administration, n.d.); FHL microfilm 2,310,562.

51   Index to Naturalization Petitions of the United States District Court for the Eastern District of New York, 1865-1957 , Partner-Veröffentlichungsnummer: M1164 , Partner-Filmnummer: 86

52   "United States Census, 1940," index and images, *FamilySearch* (https://familysearch.org/ark:/61903/1:1:KQS1-M5Z : accessed 19 May 2015), Hildegard Conrad in household of Herman Conrad, Assembly District 23, Manhattan, New York City, New York, New York, United States; citing enumeration district (ED) 31-2009, sheet 9B, family 214, NARA digital publication T627 (Washington, D.C.: National Archives and Records Administration, 2012), roll 2673.

53   Ebenda

54   "New Hampshire, Death Certificates, 1938-1959," index and images, *FamilySearch* (https://familysearch.org/pal:/MM9.1.1/QV37-MW5F : accessed 15 February 2015), Olga Lippstadt, 28 Dec 1958; citing Laconia, Belknap, New Hampshire, United States, p. No 5924-6417, New Hampshire Division of Vital Records, Concord.

55   Nach geni.com Stichwort Hildegard Conrad.

56   Kennkarte

57   "New York, Passenger Arrival Lists (Ellis Island), 1892-1924," index, *FamilySearch* (https://familysearch.org/ark:/61903/1:1:JNKT-1J6 : accessed 19 May 2015), Gustav Ely, 13 May 1922; citing departure port Rotterdam, arrival port New York, ship name Ryndam, NARA microfilm publication T715 and M237 (Washington D.C.: National Archives and Records Administration, n.d.).

58   Kennkarte

59   Kennkarte, Todesanzeige Elmshorner Nachrichten v. 4.7.1907

60   Kennkarte, Interview Christian Rostock

Foto: Bert Sommer

Name: Aron Levin
Jüd. Name: Mosche Aharon ben Jehuda Löb
Geburtsname:
Geboren: 1762
Gestorben: 29.3.1814
Eltern: Rabbiner Jehuda Löb (Levin Aron) und Dobbersch (1743)
Ehepartner: Ester   (geb. 1765)
Kinder: mind. 2; Sara (1798), Elias (1800)
Wohnort: Flamweg 189A (hist. Nummerierung)
Beruf: Handelsjude, Vorbeter, Sänger, Beglaubigter   (1)

פ״נ	Hier ist begraben
איש הישר בנדיבים ,	ein Mann, der Aufrechte inmitten der Wohltäter,
אשר הלך בדרך טובים .	der ging ›den Weg der Guten‹,
כל מעשיו עשה בכושר ,	all seine Taten tat er mit Tüchtigkeit,
בה׳ דבק נפשו ביושר . 5	›am Ewigen haftete seine Seele aufrichtig‹,
בגן עדן תשמח נשמתך ,	im Garten Eden erfreut sich deine Seele,
תחת אשר עשית משפט וצדקה	dafür, dass du Recht und Gerechtigkeit gewirkt hast
בעולמך :	in deiner Welt,
ה״ה נאמן הקהל כ״ה משה אהרן	es ist der Beglaubigte der Gemeinde, der geehrte Herr Mosche Aharon,
בן הרב מהור״ר יהודא ליב 10	Sohn des Rabbiners, unseres Lehrers, des Meisters, Herrn Jehuda Löb,
זצ״ל : נפטר ונקבר ביום ג׳ ח׳ ניסן	das Andenken des Gerechten zum Segen, verschieden und begraben am Tag 3, 8. Nissan
בשנת תקע״ד לפ״ק :	im Jahr 574 der kleinen Zählung.
תנצב״ה	Seine Seele sei eingebunden in das Bündel des Lebens (2)

Zit. n. Nathanja Hüttenmeister. http://www.steinheim-institut.de:80/cgi-bin/epidat?id=elm-1028

Aron Levin wurde 1762 als Sohn des Elmshorner Rabbiners Levin Aron und dessen Frau Dobbersch (geb. 1743) geboren. Er war Handelsjude und lebte vom Hausierhandel. Es lebte zur gleichen Zeit in Elmshorn ein weiterer Aron Levin, der 1830 im Flamweg als Hausbesitzer verzeichnet war. (4) Ein Aron Levin wurde bei der Volkszählung 1803 (5) und im Brandregister von 1800 (6) und 1810 (7) geführt. Verheiratet war Aron Levin mit Esther (12) und sie hatten zusammen mindestens zwei Kinder: Sara (1798) (13) und Elias (1800). (14) Esther lebte noch 1840 allein in Elmshorn und galt als sehr arm. (15) Sie wohnten im Flamweg in Elmshorn. Aron Levin starb am 29.3.1814.

Schon im Oktober 1726 stellte ein weiterer Aron Levin einen Antrag auf einen Schutzbrief. (8) Im Oktober 1726 baten Joseph Simon und Aaron Levin den König um Schutzbriefe:

"Allerdurchlauchtigster Großmächtigster Souverainer Erb-König und Herr! Dero hohe Königl. Gnade, welche sie jederzeit denjenigen widerfahren laßen, die sich in aller Unterthänigkeit zu Ihro Majestät Füßen werfen, macht uns so kühn, daß wir in tiefster Demuth uns unterstehen, diese geringe Bittschrift allerunter thänigst zu überreichen, da wir Endes-Unterschriebenen Joseph Simon, Schulmeister zu Helmenshorn (9), welcher bereits in die 9 Jahr gewohnet, und Aaron Levin, der Profession nach ein Sänger daselbst, sich gänßlich niederlassen, wir aber solche Freyheit allda nur nicht lange vermuthen können, wann wir nicht durch besondere Königl. Gnade darinnen geschützet werden. Also ergehet unsere gantz unterthänigste Bitte an Ihro Königl. Majestät, uns die Hohe Königl. Gnade vor uns zu haben, und uns gnädigst zu erlauben, daß wir bey Auszahlung des Schutzgeldes, welches wir alle Jahr richtig abgetragen, noch ferner solche Königl. Gnade theilhaftig werden und noch lange Zeit dieselben zu rühmen, Ursache haben mögen. Denn da unser Alter bereits herannahet, und unser Zustand es nicht leyden will, unsere Reyse an frembden Oertern wieder vortzusetzen, so wünschen wir wohl einen beständigen Orth unsers Verbleibens zu erhalten, so lange uns Gott das Leben läßt, um uns, samt unsern Kindern, daselbst ehrlich zu ernähren und uns daselbst in Ruhe zu begraben. Wir zweiffeln derohalben nicht, es werden Ihro Königl. Majestät die hohe Gnade vor uns haben und unsere allerunterthänigste Supplique mit gnädigsten Augen ansehen, und uns in unsere demüthigsten Ersuchen allergnädigst erhören. Vor solche unverdiente hohe Königl. Gnade werden wir nicht allein lebenslang tiefstschul digst verbunden verbleiben, sondern auch uns jederzeit so auff ühren, als wie es von Ihro Königl. Majestät, samt dem gantzen Königl. Hause, dem Schutz des Allerhöchsten empfehlen (...)" (10)
Joseph Simon und Levin Aaron erhielten keine Schutzbriefe. (11)
Dieser Aron Levin starb schon 1726. Er könnte ein Großvater von Aron Levin gewesen sein.

Familienangehörige auf dem Friedhof:
Vater: Jehuda Löb Schaz ben Aharon (Levin Aron Grabst. 91)
Gattin: (vermutlich Ester Levin) Grabst. 233
Schwiegertochter: Jette Elias Aron geb. Mendel (Grabst. 189)

Anmerkungen:

1)   Personendatei Kirschninck, Volkszählung 1803
2)   Übersetzung: Nathanja Hüttenmeister. http://www.steinheim-institut.de:80/cgi-bin/epidat?id=elm-75
3)   Stadtarchiv Elmshorn
4)   Dänischer Census 1803
5)   Stadtarchiv Elmshorn
6)   Stadtarchiv Elmshorn
7)   LAS Abt. 65.1 Nr. 1481
8)   LAS Abt. 65.1 Nr. 1481
9)   LAS Abt. 65.1 Nr. 1481
10)   VZ 1840 und Schutzgeldliste 1839 Stadtarchiv Elmshorn

Vorderseite (Foto: Bert Sommer)   Rückseite (Foto: Bert Sommer)

Name:	Siegfried Samuel Sussmann
Geboren:	1.3.1858 in Elmshorn
Gestorben:	21.7.1881 in Elmshorn (24. Tammus 5641)
Eltern:	Abraham Sussmann und Sara, geb. Mendel
Ehepartner:	
Kinder:	
Wohnort:	Flamweg 25 in Elmshorn (1)
Beruf	Commis

Siegfried (Samuel) Sussmann war das fünfte Kind von Abraham Sussmann und Sara Sussmann, geb. Mendel. Er kam am 1.3.1858 in Elmshorn zur Welt, wurde Commis und wohnte im Flamweg 25. Er erkrankte zu Beginn der 80iger Jahre an einer Drüsen- und Nierenkrankheit und verstarb nach langer schwerer Leidenszeit mit 23 Jahren am 21.7.1881 (24.Tammus 5641) in Elmshorn. (2)

Anmerkungen:

1)   Kennkarte, Personendatei Kirschninck
2)   Zivilstandsregister d. isr. Gem. Elmshorn, Elmshorner Nachrichten vom
        23.7.1881

Vorderseite (Foto: Bert Sommer)   Rückseite (Foto: Bert Sommer)

Name:	Nathan Magnus Oppenheim
Geboren:	1782 in Liebenau
Gestorben:	30.10.1868 in Elmshorn (14. Cheschwan 5629)
Eltern:	Magnus Jacob und Ester Magnus, geb. Selig
Ehepartner:	Fanny (Frommet) Moses
Kinder:	Jakob (1818), Abraham Magnus (1819), Ester Emilie (1820), Jonas (1822), Moses (1825), Selig Nathan (1828), Rosa (1829), Jeanette (1831)
Wohnort:	Flamweg in Elmshorn (1)
Beruf	Händler, Hausierer, Opticus

Nathan Magnus (Oppenheim) wurde 1782 in Liebenau als Sohn des Magnus Jacob und der Ester Magnus, geb. Selig, geboren. (2) Liebenau ist eine Gemeinde im Landkreis Nienburg/Weser in Niedersachsen. Er wurde Kaufmann von Beruf und erwirtschaftete seinen Lebensunterhalt als Hausierer und lebte seit 1809 einige Jahre in Neuenkirchen/Dithmarschen. Im Jahre 1817 kam Nathan Magnus über Meldorf nach Elmshorn. (3) Hier heiratete er im Mai 1817 Fanny (Frommet Moses), 1793 in Elmshorn geboren als Tochter von Moses Abraham David und seiner Frau Edel (Jettel) David, geb. Moses. (4) Bei sich hatte er unter anderem folgendes Zeugnis:

„Vorzeiger dieses, der Israelit Nathan Magnus aus Libano bey Nienburg an der Weser, welcher im hiesigen Kirchspiele Neuenkirchen seit verschiedenen Jahren als Handelsmann hausiret, hat sich während dieser Zeit immer sehr gut und bieder betragen, und wird daher auch von jedem geachtet und geschätzet; solches habe ich hiemittelst von Amtswegen zu bescheinigen nicht ermangeln wollen. Königl. Kirchspielvogtey Neuenkirchen, den 19ten März 1816. Buhmann" (5)

Mit diesem Zeugnis meldete sich Nathan Magnus bei dem Kirchspielvogten in Elmshorn und bat darum, sich hier niederzulassen und das Schlachterhandwerk ausüben zu dürfen. Der Kirchspielvogt meldete dieses Begehren dem Administrator v. Hennings in Barmstedt. Er schrieb:

„(...) erlaube ich es mir (...) anzufragen, in wie weit es dem David Moses (6), Sohn des hiesigen Schutzverwandten Moses Abr. David und dessen Schwager Nathan Magnus aus Meldorff, verstattet werden könne, als Häuerlinge sich hieselbst anzusiedeln (...)" (7)

Der Kirchspielvogt berichtete, dass sich Nathan Magnus in Elmshorn verheiratet habe und bat die Administratur, anzuordnen, dass sich Nathan Magnus mit einem Antrag auf fernere Aufenthaltsbewilligung an die Obrigkeit zu wenden habe. (8)

Diese entschied am 14. Januar 1817:

„Auf die Vorfrage der Königl. Kirchspielvogtey vom 13.d.M. verfehle ich nicht zu erwidern, daß nach den angeführten Gründen meines Erachtens den David

Moses und Nathan Magnus nicht verstattet werden könne, eine Profession und namentlich das Schlachterhandwerk zu treiben, so lange sie nicht die allerhöchsten Vorschriften erfüllt haben.
Ranzau, den 14. Januar 1817. A. v. Hennings" (9)

Nathan Magnus durfte sich also niederlassen, sofern er sich ein Haus kaufte, es war ihm aber verboten, das Schlachterhandwerk auszuüben. Da das Zeugnis, das er aus Neuenkirchen besaß, nicht ausreichte, ließ sich Nathan Magnus ein weiteres, dieses Mal aber vom Magistrat der Stadt Liebenau ausstellen. (10)

„Es wird hiedurch auf Verlangen, vom Fleckens-Magistrat in Liebenau bescheiniget: daß Nathan Magnus, Sohn des hiesigen Schutzjuden Magnus Jacob, (11) der sich allhier 44 Jahre im Flecken durch seine Handlungsgeschäfte ernährt und sich immer gut und rechtschaffen betragen hat, und dessen bereits verstorbene Ehefrau Ester Magnus geborene Selig ist; und daß erstgedachter Sohn Nathan Magnus in der Zeit seines Aufenthalts bey seinen Eltern sich bis dahin, daß er sich auswärts und namentlich im Königreich Dännemarck etablirt hat, sich stets sittsam und der Moralitaet gemäß bezeiget hat und von guter Herkunft ist. Liebenau, den 4ten März 1818. von Magistrats wegen W.E. Binne Bürgermeister.
Daß vorstehende Bescheinigung wirklich von dem Fleckens-Magistrate zu Liebenau ausgestellt worden, und der Inhalt desselben, so viel dem Amte bekannt geworden, der Wahrheit gemäß sey, wird hiemit Gerichts wegen bescheiniget. Steyerberg, den 5ten März 1818.
Königl. Großbritt. Hannöver. Amt Kaenemann" (12)

Mit diesem Führungszeugnis ersuchte Nathan Magnus erneut um eine Aufenthaltserlaubnis für Elmshorn. Dieses scheint ihm wohl gestattet worden zu sein. Am 2. Januar 1821 schrieb der Administrator an den Kirchspielvogten:

„Unter Anlegung der infinandorum (13) ersuche ich die Königl. Kirchspielvogtey darauf ein wachsames Auge zu haben, ob die darin genannten 4 Mosaisten dem injuncto (14) Folge leisten, widrigenfalls aber, nach Ablauf der Frist, mit einem gefälligen Bedenken darüber zu berichten.
1) Israel Susmann, Israels Sohn
2) Israel Susmann,Susmanns Sohn

3) David Cohn
4) Nathan Magnus" (15)

Der Kirchspielvogt notierte zu vorstehendem Schreiben, dass dem Nathan Magnus schon vor Jahren aufgetragen worden sei, sich ein Haus zu kaufen, was bisher aber noch nicht geschehen sei. (16) Ebenfalls vom 2. Januar 1821 datiert ist ein weiteres Schreiben des Administrators v. Henning:

„Wenn hieselbst angezeigt worden, daß der Mosaiste Nathan Magnus sich seit einiger Zeit verheirathet und mit Beziehung von Miethsgelegenheiten eine eigene Haushaltung etablirt habe, dieses aber der Allerhöchsten Verordnung vom 9. Jul. 1736 widerstreitet, so wird derselbe befehliget, bey Vermeidung der gegen sie zu nehmenden gesetzlichen Maasregeln, binnen 4 Wochen die Folgeleistung der gedachten Vorschrift zu dociren." (17)

Dies bedeutete für Nathan Magnus, dass er sich binnen vier Wochen ein eigenes Haus kaufen sollte. Käme er dieser Aufforderung nicht nach, würde er aus Elmshorn vertrieben werden. Nathan Magnus überschritt diese Frist und bekam, wie es üblich war, den Befehl Elmshorn binnen acht Tagen zu verlassen. (18) Er wandte sich daraufhin mit folgendem Brief an den König:

„Suppl.: Elmshorn den 2ten April 1821
Der Mosaiste Nathan Magnus, welcher, nachdem er bereits seit vier Jahren als Häuerling gewohnet, jetzt aber erst befehliget worden, zufolge des Allerhöchsten Rescripts vom 9ten July 1736, innerhalb 8 Tagen den Flecken Elmshorn mit seiner Familie zu verlassen, bittet allerunterthänigst, Eine Königliche Majestät allergnädigst zu bewilligen geruhen: daß es ihm erlaubt seyn möge, gleich mehreren hier nicht eigenthümlich ansässigen Mosaisten, mit seiner Familie bleiben zu dürfen (...) Als ich im Monat May 1817 mich mit der Tochter des hiesigen Schutzjuden Moses Abraham David verehelichte, ward mir abseiten der hiesigen Gerichtsbarkeit: daß meine Niederlassung hieselbst nicht statthaft sey, überall nichts entgegen gesetzt, viel mehr ohne alle Einwände genehmiget. Nachdem ich hier bereits 4 Jahre wohnhaft bin, ward mir erst unterm 13ten Jan. d.J. bekannt gemacht: daß meine Niederlassung der Allerhöchsten Verordnung vom 9ten July 1736 widerstreitet und anbefohlen, bey Vermeidung der gegen mir zu nehmenden gesetzlichen Maßregeln, binnen 4 Wochen die Folgeleistung der gedachten Vorschrift zu dociren (...)

Zufolge des Allerhöchsten Rescripts vom 9 Jul. 1736 hätte ich - wenn es mir gefordert wäre, bey meiner Niederlassung die Sicherheit leisten müssen, innerhalb 3 Monath ein eigenes Haus anzukaufen. Es war mir selbst von dieser Allerhöchsten Vorschrift nicht das Mindeste bekannt und von Seiten der hiesigen Gerichtsbarkeit wurde in dieser Hinsicht mir nichts abgefordert. Wäre indessen zur Zeit meiner Niederlassung diese Sicherheit gefordert, so hätte ich dieselbe aus eigenen Mitteln baar leisten können. Da mir nun aber unterm 31sten d. v.M. ein zweyter Befehl beygelegt worden, in welchem es heißt, Wenn von der Königl. Kirchspielvogtey hieselbst angezeigt worden, daß der Mosaiste Nathan Magnus sich verehelicht, und sich als Häuerling im Flecken Elmshorn niedergelassen hat, diese seine Niederlassung als Auswärtiger aber, laut der Allerhöchsten Verfügung vom 9 Jul 1736 durchaus nicht statthaft ist, noch zugelassen werden kann, so wird dem gedachten Nathan Magnus hiedurch anbefohlen, innerhalb 8 Tagen den Flecken Elmshorn mit seiner Familie zu verlassen (...) , so bin ich nothgedrungen, an Eure Königl. Majestät die allerunterthänigste Bitte gelangen zu lassen, Allerhöchstdieselbe allergnädigst zu bewilligen geruhen: daß ich mit meiner Familie hieselbst ferner verbleiben darf.

Zur Begründung dieser, meiner Allerunterthänigster Bitte, geruhen Euer Königliche Majestät zu erlauben, mich auf nachstehende Umstände beziehen zu dürfen:

1) daß ich schon seit 1809 beständig hier in Königl. Landen gewesen, meinen Auffenthalt 7 Jahre in Norderdithmarschen zu Neuenkirchen gehabt, und meine Aufführung zu jeder Zeit untadelhaft gewesen (...). Zwar bin ich

2) (...) aus Liebenau im Hannöverischen gebürtig, mithin ein Auswärtiger; allein dies war der Königl. Kirchspielvogtey bey meiner Niederlassung hieselbst zur Genüge bekannt, und es wurde mir von der Allerhöchsten Verfügung, welche erst jetzt, nach Ablauf von 4 Jahren, gegen meine Niederlassung angewandt wird, abseiten der Königlichen Kirchspielvogtey überall nichts gesagt. Wenn nun aber

3) der Zeit das nämliche Allerhöchste Rescript, wegen die Niederlassung fremder Juden, hieselbst existirte, mir aber bey meiner Niederlassung diese Verfügung nicht bekannt gemacht wurde, so dürfte doch wohl schwerlich behauptet werden dürfen: daß meine Niederlassung durchaus nicht statthaft ist, noch zugelassen werden kann, indem meine Niederlassung abseiten der hiesigen Gerichtsbarkeit ohne aller Einwände, als würklich statthaft zugelassen worden ist. Wäre es mir bey meiner Verehelichung gesagt oder in Folge des Aller-

höchsten Rescripts von mir gefordert; daß ich Sicherheit stellen müsse, inner-halb 3 Monath ein Haus anzukaufen; so hätte ich der Zeit diese Sicherheit aus eigenen Mitteln baar leisten können. Allein in diesem Augenblick bin ich sol-ches zu leisten nicht im Stande, theils weil es mir bey diesen geldknappen Zei-ten an der hinlänglichen Baarschaft fehlet und theils, weil hier - wenn auch ei-nige Häuser zum Verkauf stehen – doch jetzt kein mir convenirendes Haus zum Verkauf stehet. Solchem nach gelanget an Eine Königliche Majestät mei-ne Allerunterthänigste Bitte, Allerhöchst dieselbe Allergnädigst geruhen wol-len: daß Petitum meines Ansuchens allerhuldreichst zu gewähren. Für diese Gnade erstrebe in tiefster Devotion zu seyn.

Eine Königliche Majestät allerunterthänigsttreuer Unterthan Nathan Magnus"
(19)

Ihm wurde in der Folge die Niederlassung erlaubt. Nathan Magnus nannte sich später mit Familiennamen „Oppenheim", also Nathan Magnus Oppenheim. Ab jetzt führten die Kinder den gleichen Nachnamen. Er bekam mit seiner Frau Frommet Oppenheim acht Kinder:
Jacob (1818), Abraham (1820), Jonas (1822), Ester Emilie (1822), Moses (1824), Selig (1826), Rosa (1829) und Jeanette (1831). Die Familie wohnte im Flamweg und blieb arm. (21) In ihrem Haus lebte auch die Dienstbotin Catha-rina Hoeslein (1818) und Jechewid Behrend mit ihrer Tochter Krone Behrend, die laut Volkszahlregister als blödsinnig beschrieben wurde. (22)

Am 12. Oktober 1820 wurden in Uetersen die Waren von Nathan Magnus Op-penheim konfisziert, da sie nicht dem Zollpassierzettel entsprachen. (23)
Am 13.10 1868 starb Nathan in Elmshorn im Alter von 86 Jahren. (24) Fanny starb am 25.12.1875 in Elmshorn. (25)

Anmerkungen:

1)   Kennkarte, Personendatei Kirschninck
2)   Stadtarchiv Abt. A3 Nr. 376/0
3)   Stadtarchiv Abt. A3 Nr. 376/0
4)   vgl. Grabstein Nr. 217
5)   Stadtarchiv Abt. A3 Nr. 376/0
6)   vgl. Grabstein 158
7)   Stadtarchiv Abt. A3 Nr. 376/0
8)   Ebenda

9)   Ebenda

10)   Stadtarchiv

11)   Feste Familiennamen gab es zu dieser Zeit bei den Juden noch nicht. Der Vorname des Vaters erscheint zumeist als Nachname im Namen des Sohnes, hier Magnus Jacob - Nathan Magnus.

12)   Stadtarchiv Abt. A3 Nr. 376/0

13)   infinandorum = hier: in Bezug auf die untenstehende Liste

14)   injuncto= sinngemäß: Anordnung

15)   Stadtarchiv Elmshorn Abt. A3 Nr.376/0

16)   Ebenda

17)   dociren = vortragen; Stadtarchiv Abt. A3 Nr. 376/0

18)   Akte Schutzjuden, Museum Elmshorn

19)   Stadtarchiv Elmshorn Abt. A3 Nr. 376/0

20)   Ebenda

21)   VR 1835

22)   Ebenda

23)   LAS Abt. 65.2 Nr. 3629 II, vgl. auch Kirschninck, Geschichte a.a.O., Bd. 1 S. 117

24)   Friedhofsbuch

25)   Friedhofsbuch, Kennkarte: 16.12.1875

Foto: Bert Sommer

יי נתן ויי לקח יהי שם יי מברך		›Der Ewige gab, der Ewige nahm, der Name des Ewigen sei gepriesen‹
פ״נ		Hier ist begraben
האשה שיינכא בת ר׳		die Frau Scheinche, Tochter des Herrn
יהודה אשת ר׳ צבי ב״ר		Jehuda, Gattin des Herrn Zwi, Sohn des Herrn
פינחס אפפענהיים	5	Pinchas Oppenheim,
נקברה ביום ב׳ כ״ב		begraben am Tag 2, 22.
כסלו תרע״ג לפ״ק		Kislev 673 der kleinen Zählung.
תנצב״ה		Ihre Seele sei eingebunden in das Bündel des Lebens
פ״נ		Hier ist begraben
האיש צבי ב״ר פינחס	10	der Mann Zwi, Sohn des Herrn Pinchas
אפפענהיים		Oppenheim,
מת בש״ק כ״ב חשון תרע״ז לפ״ק		gestorben am heiligen Schabbat, 22. Cheschvan 677 der kleinen Zählung,
ונקבר ביום כ״ה חשון		und begraben am 25. Tag des Cheschvan.
תנצב״ה		Seine Seele sei eingebunden in das Bündel des Lebens

Hier ruhet   15

meine unvergessliche Frau,

unsere treusorgende Mutter,

Jennÿ Oppenheim

geb. Goldschmidt

geb. 24. Dezember 1865,   20

gest. 1. Dezember 1912.

Ruhe in Frieden!

Hier ruhet

unser herzensguter,

liebevoller Vater,   25

Herrmann

Oppenheim

geb. 17. Februar 1857,

gest. 18. November 1916.

Ruhe in Frieden!   30

Name:	Hermann (Hirsch) Oppenheim
Jüd. Name:	Zwi ben Pinchas Oppenheim
Geboren:	17.2.1857 in Elmshorn
Gestorben:	18.11.1916 in Elmshorn (1)
Eltern:	Selig Nathan Oppenheim und Rieke, geb. Hirsch
Ehepartner:	Jenny (Henny) Oppenheim, geb. Goldschmidt
Kinder:	Arthur (1886), Erna (1888), Walter (1890), Gertrud (1895)
Wohnort:	Flamweg 21 + 24 in Elmshorn
Beruf:	Fabrikant (Leder, Margarine)

Hermann Oppenheim wurde am 17.2.1857 in Elmshorn als Sohn des Selig Nathan Oppenheim und seiner Frau Rieke, geb. Hirsch, geboren. Er erlernte den Beruf des Weißgerbers und machte seinen Meister. Am 25.2.1879 trat er in die Feuerwehr ein und war dort Steiger und Spritzenmann. Im Januar 1902 musste er wegen der Folgen eines Unfalls wieder austreten. (2) Am 16.12.1884 heiratete er die 19jährige Jenny (Henny) Goldschmidt, die am 24 Dez. 1865 in Hamburg als Tochter des Kaufmanns Levy Goldschmidt und seiner Frau Elise, geb. Simon geboren wurde. (3)
1892 wurde er in den Vorstand der jüdischen Gemeinde gewählt (4), und war 1905 Mitglied der Friedhofskommission. (5)

Im Protokoll der Vorstandssitzung vom 11. Juli 1905 steht:
„Außerdem wurde die Kapellenbaucommission durch Herrn H. Oppenheim erweitert, so daß dieselbe nunmehr aus Herrn Julius Lippstadt, Sally Oppenheim u. H. Oppenheim besteht."(6) Auf seine Initiative ging der Bau der heute noch existierenden Friedhofskapelle zurück.
Seit dem 17. Aug. 1908 war Hermann Oppenheim auch Mitglied des EMTV. (7)

Hermann Oppenheim. Bildausschnitt aus dem Foto der Familie Hermann Oppenheim, s.u.. Besitz der Familie Rudolf Oppenheim. ©Privatarchiv Harald Kirschninck.

Durch einen Übertragungsfehler hieß die Familie Oppenheim bis 1910 offiziell „Oppenheimer". Erst 1910 kam es zur Namensberichtigung. (8) Hermann Oppenheim war Besitzer einer Lederfett- und Degras-Fabrik (9), später wandelte er diese in eine Margarinefabrik um und wurde zu einem der ersten Margarinehersteller ("Marke Herrmona") in Elmshorn. (10)

Christian Rostock erzählte von einer Anekdote, die etwa um 1910 passiert war:
„Die Kaufleute Elmshorns aus der Leder- und Fettbranche fuhren meistens dienstags und freitags zur Hamburger Börse und trafen sich danach zu einer Tasse Kaffee oder einem Glas Bier in benachbarten Lokalen der Börse, zumeist bei Deeke. Hermann Oppenheim hatte in seinem Mantel ein Probepaket von seiner „Herrmona" und hängte diesen Mantel in die Nähe eines warmen Ofens. Nach gemeinsamem Aufbruch war die Margarine flüssig geworden, hatte den Mantel verlassen und diesen natürlich erheblich verschmutzt, das Gesicht von Hermann Oppenheim recht traurig und die der Freunde sehr lustig vor Schadenfreude." (11)

1912 war Hermann Mitglied der Kommission zur Errichtung eines Elektrizitätswerks in Elmshorn. (12)
„In der Lederfabrik Hermann Oppenheims wurde das erste Elektrizitätswerk Elmshorns installiert mit zwei beachtlich großen Lokomobilen, die bis zum An-

schluß an das E.-Werk Altona-Övelgönne die Bürger Elmshorns mit Strom, hauptsächlich für die Beleuchtung, versorgten. Vorher beleuchteten wir uns abends mit Petroleumlampen und Kerzenlicht." (13)

Hermann und Jenny Oppenheim bekamen vier Kinder: Arthur (1886), Erna Oppenheim (1888), Walter (1890), Gertrud (1895). (14)

Familie Hermann Oppenheim
Von links nach rechts: Hermann Oppenheim, Ehefrau Jenny Oppenheim, Arthur Oppenheim, Walter Oppenheim, Erna Oppenheim, sitzend: Gertrud Oppenheim. Aufnahme vor 1912: Walter Oppenheim war zur Zeit der Aufnahme nicht anwesend. Er wurde nach seinem Tod 1916 in das Bild hineinkopiert.
Besitz: Familie Rudolf Oppenheim. ©Privatarchiv Harald Kirschninck.

Am 1.12.1912 starb Jenny Oppenheim mit 46 Jahren, vier Jahre später, am 18.11.1916, Hermann Oppenheim in Elmshorn an den Folgen eines Darmkrebs. (15)

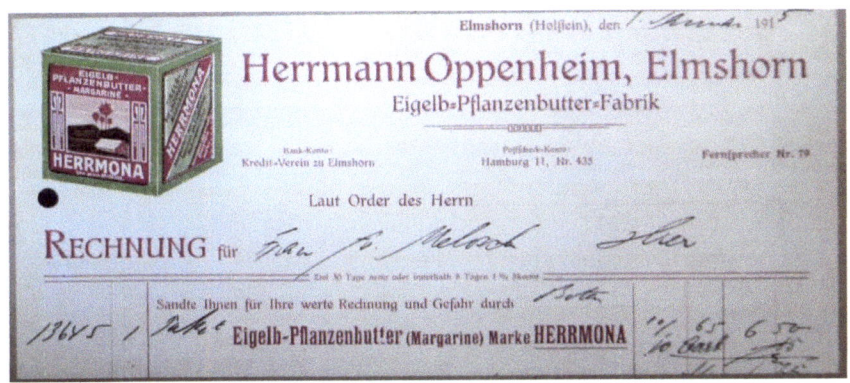

Briefkopf Firma Hermann Oppenheim, 1915, Elmshorn. ©Privatarchiv Harald Kirschninck.

Anmerkungen:

 1 Kennkarte, Personendatei Kirschninck
 2 Auskunft Feuerwehrführer Kemper am 7.2.2000
 3 Kennkarte, Personendatei
 4 LAS Abt. 309 Nr. 21592
 5 Protokolle Gemeindesitzung vom 11.7.1905
 6 Ebenda
 7 Chronik des EMTV 75 Jahre
 8 LAS Abt. 309 Nr. 17516
 9 Degras=Gerberfett (Abfallfett in der Gerberei)
10 Brief Christian Rostock an Gertrud Oppenheim 31.1.1976
11 Ebenda
12 Bericht Stadtverwaltung Elmshorn
13 Brief Christian Rostock an Gertrud Oppenheim 31.1.1976
14 Kennkarten, Personendatei Kirschninck
15 Ebenda, Brief Gertrud Oppenheim an Christian Rostock September 1976

Vorderseite (Foto: Bert Sommer)   Rückseite (Foto: Bert Sommer)

Name:	Jonas Samuel
Geboren:	4.10.1758
Gestorben:	20.11.1846 in Itzehoe ? (1. Kislew 5607)
Eltern:	
Ehepartner:	1. Ehe mit Unbekannt, 2. Ehe mit Breine
Kinder:	Meyer (1787), Levin (1789), Hanna (1792), Samuel (1798), Sieskind (1799), Jettel (1801)
Wohnort:	Marktstrasse, Flamweg 16 in Elmshorn (1)
Beruf	Händler, Kaufmann, Pfandleiher
Hist. Grabsteinnr.:	50

פ״נ	*Hier ist begraben*
האיש הזקן והישר כ״ה	*der betagte und aufrechte Mann, der geehrte Herr*
יונה ב״ר ישראל ז״ל	*Jona, Sohn des Herrn Israel, sein Andenken zum Segen,*
שנפטר [...] בעיר	*der verschieden ist [›mit gutem Namen‹] in der Stadt*
איצעהא[...] עש״ק ב׳	*Itzehoe [am Tag des] Rüsttags des heiligen*
	5 *Schabbat, 2.*
דראש ח[ד]ש [...] ונקבר	*des Neumondstag [Kislev], und begraben wurde*
פה ביום א׳ [...] ״ז לפ״ק	*hier am Tag 1 [desselben, 60]7 der kleinen Zählung.*
תנצב״ה	*Seine Seele sei eingebunden in das Bündel des Lebens*

Rückseite

Ruhestätte
für den Kaufmann   **10**
Jonas Samuel
aus Itzehoe,
geb. hi[er? 4. October]
1758
gest. den [...] Nov. u.
begraben de[..] Nov.
1846.

Nathanja Hüttenmeister. http://www.steinheim-institut.de:80/cgi-bin/epidat?id=elm-132

Jonas Samuel wurde am 4.10.1758 geboren. Er war zunächst Händler und Kaufmann, betätigte sich aber auch als Pfandleiher. Er kam zu beträchtlichem Wohlstand und heiratete zwei Mal. Die erste Ehefrau ist nicht bekannt. Mit ihr bekam er drei Kinder: Meyer (1787), Levin (1789) und Hanna (1792). (2) Ob die erste Frau starb oder Jonas Samuel sie verließ, ist nicht bekannt.
Um 1797 herum heiratete er seine zweite Frau Breine Jonas, mit der er ebenfalls drei Kinder bekam: Samuel (1798), Sieskind (1799) und Jettel (Henriette)

(1801). Die Familie wohnte im Flamweg und in der Marktstraße. Die Kinder trugen den Familiennamen „Jonas". (3)

1788 wurde Jonas als Eigentümer mit 4 Rth. Schutzgeld veranlagt. (4) Neben seinen Geschäften engagierte er sich in der jüdischen Gemeinde und wurde 1790 einer der beiden Vorsteher. (5)

1803 stellte Jonas einen Antrag auf Niederlassung in Itzehoe. Zu dieser Zeit durften Juden sich nur in bestimmten Städten und nicht auf dem Lande niederlassen. (6)

„Ewr. Königl. Maytt. beglücken die dänischen Staaten durch die vollkommenste Tolerantz in Religionsangelegenheiten und suchen Handlung, so wie als immer möglich, zu befördern. Ich wage daher, bey diesen Allerhuldreichsten Gesinnungen Ewr. Königl. Maytt., gewiss keine abschlägige Antwort zu erhalten, wenn ich eine Bitte vor den Thron des Monarchen bringe, deren Erhörung diese beiden Segnungen zum Gegenstand hat. Die vormalige Intolerantz gegen die Ebräer hat so sehr aufgehört, daß in Ewr. Königl. Maytt. Reichen und Landen wenig bedeutende Städte zu finden sind, wo nicht einige Ebräer Familien etablirt worden. Die Zahl der Familien ist nur noch an einigen Orten eingeschränkt worden. Will sich deswegen eine Ebräer Familie irgendwo mit Nutzen etabliren, so muß sie solche Örter wählen, wo noch (...) von ihren Glaubensgenoßen wohnen.
Zur Zahl dieser Örter gehört die Stadt Itzehoe. Ewr. Königl. Mayestäten kennen die Klagen, welche von dieser Stadt wegen Abnahme der Handlung geführt werden. Viele sonst durch Handlung und Gewerbe blühende Häuser stehen ohne Gewerbe, und nicht selten ohne Einwohner. Es finden sich in der Stadt viele wüste Wurthstellen (7), die vormals mit Häusern besetzt waren, die von Handelsleuten bewohnt wurden. Grade der Theil der Stadt, der am gelegensten zum Handel ist, die Neustadt, hat die mehrsten wüsten Wurthstellen. Für die Stadt selbst kann daher nichts erwünschter seyn, als wenn sich zu diesen ungebrauchten Wohnungen oder zu den wüsten Wurthstellen Bewohner und Erbauer finden werden. Unter den Christen will, wie es scheint, sich seit sehr vielen Jahren kein neuer Anbauer finden: So viel bekannt ist, war der Kaufmann Claus Witt seit länger als 40 Jahren der einzige, der eine wüste Wurthstelle bebaute. Ich bin in Elmshorn etablirt, und habe daselbst durch göttlichen Seegen mein gutes Auskommen gefunden. Für mich selbst würde

ich keinen andern Aufenthalt suchen: allein ich habe vier Söhne, für deren künftige Versorgung ich als Vater sorgen muß. Ich wünschte mich in Itzehoe zu etablieren, um in der Folge meine Elmshörner Stelle, einem meiner Söhne abzutreten. Sobald ich in Itzehoe nur freyen Handel treiben und (...) gebrauchen kann, so wird es mir gleichgültig seyn, ob ich in der Stadt-Jurisdiction, oder auf der Burg wohnen soll. Sehr ungerne mag ich von mir selber reden: jetzt erfordert es aber die Nothwendigkeit, Ewr. Königl. Maytt. Zeugniße meines Wohlverhaltens vorzulegen, damit Allerhöchst dieselben überzeugt werden mögen, daß die Stadt Itzehoe an mir keinen schlechten Einwohner bekommen werde. Ich kann es mir vorstellen, daß ein kleiner Theil der Einwohner der Stadt Itzehoe wider meine Aufnahme Einwendungen machen, und vielleicht sagen wird:
der Supplicant kann vermöge seiner Religion keine öffentlichen Ämter bekleiden: gleichwohl wird er ein Haus bewohnen, in welchem sonst ein Bürger wohnen würde, der alle bürgerlichen Officia (8) übernehmen und billetiren, Kämmerer, Bürger, Achtmann und Stadtherr seyn könnte. Soweit hergeholt auch dieser Einwand seyn würde, so will ich demselben doch im Voraus begegnen. In dem jetzt wüste stehenden Hause wohnt kein Bürger, und auf der wüsten Wurthstelle kann noch weniger ein Bürger wohnen, der bürgerliche Officia übernehmen wird. Sobald ich also ein wüste stehendes Haus bewohne, so nehme ich aus der Reihe der bewohnten Häuser keines heraus: wenn ich aber vollends eine wüste Wurthstelle bebaue, so wird dadurch die Zahl der Bürger nicht vermindert. In keinem dieser beyden Fälle werden die Einwohner der Stadt Itzehoe etwas verlieren.
Ich schmeichle mir daher mit der Hoffnung, daß Ewr. Königl. Maytt. meine allerunterthänigste Bitte erhören werden. In der allertiefsten Devotion ersterbe ich zu seyn, Ewr. Königl. Maytt. allerunterthänigster Diener und allergetreuester Unterthan
Jonas Samuel." (9)

Im Oktober 1818 forderte der König einen Bericht von Administrator v. Hennings, wie viele mosaische Glaubensgenossen sich gegenwärtig in der Grafschaft Rantzau auf dem Lande aufhalten würden, und aus welchen Gründen die Administratur die Ansiedlung erlaubt hätte. (10)
Hennings antwortete, dass gegenwärtig kein Jude eine Landstelle besitzen würde. Die von Isaac Moses in Elmshorn besessene Hufe in Cöln (Kölln-Reisiek) sei von den Kindern verkauft.

„Bei seinem Ankaufe hat mein Vorweser bey der Königl. Kanzeley vorgefragt und die Genehmigung erhalten. Bey hypothecarischen Verschreibungen würde auch der Ankauf dem Schaden leidenden Creditor nicht verweigert werden können. Vermutlich war auch deshalb Jonas Samuel im Pinnenbergischen zu Hainholtz zugelassen." (11)

Diese Auskunft stieß auf Widerstand des Obergerichts in Glückstadt, das am 12. Nov. 1818 der Königl. Kanzeley schrieb:

„ (...) Die Administratur bemerkt, daß bei hypothecarischen Verschreibungen der Ankauf dem Schaden leidenden Gläubiger nicht werde verweigert werden können, welches auch vermuthlich bei Jonas Samuel zu Hainholz in der Herrschaft Pinneberg der Fall gewesen sey. Der erste Fall könne bey den einberichteten Umständen itzt nicht mehr in Betracht kommen; der letteren ist schon im Jahre 1813 zur Kenntniß gekommen, bei der Gelegenheit, da der Landdrostei in Pinneberg aufgegeben wurde, ein Verzeichniß, der in der Herrschaft Pinneberg ansäßigen mosaischen Glaubensgenoßen einzubringen, in welchem dieser Jonas Samuel aufgeführt ist.
Übrigens scheint die von der Administratur aufgestellte Bedingung, unter welchen den mosaischen Glaubensgenoßen der Ankauf von Grundstücken auf dem Lande zu gestatten, ein Beförderungsmittel der Niederlassung solchen Personen leicht werden zu können. Denn es wird ihnen dadurch eine Gelegenheit eröffnet, durch größere oder geringere Aufopferungen sich ansäßig zu machen, welche sie bestens benutzen werden und vielleicht bei vorkommenden Umständen durch mancherlei Kunstgriffe zu ihrem Vorteil herbeiführen können. Es dürfte solchem nach zur Erhaltung einer beständigen Aufsicht wider das Eindringen mosaischer Religionsverwandter in die Landdistricte der Grafschaft Ranzau, dieselbe Anordnung, welche schon in Folge des verehrlichen Schreibens Einer Königl. Kanzeley vom 5. Febr. 1814 in der Herrschaft Pinneberg stattfindet, zu verfügen und demnach der Administratur zu Ranzau aufzugeben seyn, auch künftig, wie nach ihrer Behauptung bisher schon soll geschehen seyn, den Bekennern des mosaischen Glaubens den Ankauf von Grundstücken außerhalb Elmshorns nicht zu gestatten. Es wird als dann in vorkommenden Fällen ihnen überlaßen bleiben können, allerhöchst unmittelbaren Orts, wenn sie glauben hinreichende Gründe zu einer Ausnahme von

der Regel anführen zu können, um die Erlaubniß zu einem solchen Ankauf nachzusuchen." (12)

Am 22.Dezember 1818 wurde den jüdischen Glaubensgenossen durch ein Kanzleischreiben der Königl. Schleswig-Holstein-Lauenburgischen Kanzlei der Ankauf von Grundstücken auf dem Lande untersagt. (13)

Jonas Samuel wurde später die Niederlassung in Itzehoe erlaubt, denn am 21. Dezember 1826 stellte der mittlerweile von Elmshorn nach Itzehoe verzogene Jonas Samuel den Antrag, eine Katenstelle in Hainholz kaufen zu dürfen.

"Ich hatte auf einer zu Heinholz, in der Herrschaft Pinneberg belegenen Kathenstelle, die Summe von 2000 M Crt oder 1066 2/3 Rbt. - 4 % zum ersten Gelde protocollirt - radicirt stehen. Der Besitzer der Kathenstelle blieb bey mir mit den Zinsen 9 Jahre im Rückstand. Als ich ihm nun keine längere Nachsicht mehr geben konnte und wollte, und er mich, mit dem Creditrechte in der Hand, durch proceßualische kostspielige Weiterungen aufs Unerhörteste schikanirt hatte, erklärte er Concurs. Bei diesem Concurse müßte ich, wenn ich nicht alles verlieren wollte, der Käufer seiner Kathenstelle, meines Unterpfandes werden. Ich erhielt die beregte Stelle, für den ersten Both, nämlich für 1000 M Crt, die zur Bestreitung der priviligirten Pöste, namentlich der Concurskosten, der rückständigen Gefälle und Abgaben, des Dienstlohnes etc. erforderlich waren. Nachdem mir nun die Kathenstelle, als Pluslicitanten (14) anheim gefallen ist, und ich allbereits nicht allein praestanda praestirt (15) habe, sondern auch im Begriff stehe, ein altes verfallenes Haus und Scheune neu hervorgehen zu lassen, und die Stelle wieder zum tauglichen Besitz eines Bauern zu machen, bin ich nicht im Stande, solche im Protocoll eigenthümlich zugeschrieben zu erhalten, weil mir beim Protocolle gesagt wird, daß nach einem Kanzeleyschreiben vom 22sten Decbr 1818, den mosaischen Glaubensgenossen, die Befugniß zum Ankauf von Grundstücken auf dem Lande nicht zustehe. Vergeblich habe ich meine Gründe dem Concursgerichte zu Pinneberg dargelegt. An Euer königliche Majestät verwiesen, erlaube ich es mir nun allerunterthänigst zu bemerken:
1)   daß die Lage der Bekenner des mosaischen Glaubens höchst traurig ist, indem sie eine Beschränkung der Art nicht ahnend, ihr Geld christlichen Glaubensverwandten hingegeben haben; sobald sie sich aus dem Pfande nicht erholen können, wenn dieses ein ländlicher Grundbesitz ist.

2)   daß es kein sicheres Auskunftsmittel giebt, um den Genuß einer ländlichen Besitzung zu beziehen, ohne daß solche dem wirklichen Eigenthümer zugeschrieben wird, weil derjenige, welcher dazu seinen Namen leihen wollte, wegen solchen Besitzes das Schicksal des Bekenners des mosaischen Glaubens von dem Seinigen abhängig machen würde;

3)   daß das bezogene Schreiben höchstpreislicher Kanzeley eines Theils nur directen Bezug auf die Bekenner des mosaischen Glaubens zu Elmshorn hat; andern Theils dadurch gehindert werden soll, daß sich ein Bekenner mosaischen Glaubens nicht anders als da niederlassen kann, all wo ihm sein Aufenthalt Allerhöchst angewiesen worden ist, und daß daher solches keinen nachtheiligen Einfluß auf mich haben kann, nicht nur, weil Eur. Königl. Majestät die Gnade gehabt haben, mir zu gestatten, mich in Itzehoe seßhaft machen zu dürfen, sondern auch, weil ich mich aufs feyerlichste revertiren (16) will, zum Heinholz in der Herrschaft Pinneberg niemals meinen Aufenthalt zu nehmen, vielmehr die dorten aus Noth acquirirte Kathenstelle so lange administriren zu lassen, bis ich sie wieder an den Mann bringen kann, und

4)   daß ich bereits seit dem 15ten Juni 1812 auf ähnliche Weise in der Herrschaft Pinneberg possessionirt bin, ohne daß auch nur die mindeste Klage über mich zu führen gewesen wäre." (17)

Über diese Bitte wurde der Bericht der Pinneberger Landdrostei eingeholt:

" (...) Indem ich die Ehre habe, Ewr. Königlichen Majestät das obenrubricirte allerunterthänigste Gesuch des Kaufmanns Jonas Samuel in Itzehoe um eine allerhöchste Concession, eine zu Heinholz in der Grafschaft Pinneberg belegene Kathenstelle auf seinen Namen umschreiben zu lassen, allerdevotest zu übersenden, verfehle ich nicht, dabei allerunterthänigst zu berichten, daß dasjenige, was der Supplicant über den Verlust seines in einer Kathstelle zu Heinholz belegten Geldes und über die Nothwendigkeit, diese Stelle zu kaufen, um seinen Verlust zu decken, sagt, vollkommen in Wahrheit gegründet ist. Auf dieselbe Weise hat der Supplicant auch im Jahre 1812 ein Grundeigenthum in Langeloh hiesiger Herrschaft gekauft und Erlaubniß erhalten, dasselbe auf seinen Namen umschreiben zu lassen. Da der Supplicant in Itzehoe wohnt und daselbst nicht unbedeutende Handelsgeschäfte treibt: so kann es nicht seine Absicht seyn, sich in Heinholz oder Langeloh, einer sehr unfruchtbaren Gegend, in eben den Bauernkathen niederzulassen. Dem Zwecke der Gesetzgebung, daß die Bekenner des mosaischen Glaubens nicht auf dem Lande und

außerhalb den erlaubten Orten ansässig werden, würde also durch den Supplicanten nicht entgegengehandelt, wenn er die nachgesuchte Erlaubniß erhielte. So wie er sein Grundstück in Langenloh bis dahin nicht bewohnt, sondern es hat administriren lassen: so würde dasselbe auch mit dem Grundstück in Heinholz der Fall seyn. - Aus diesem Grunde bin ich der allerunterthänigsten Meinung, daß das Gesuch des Supplikanten unter der Restriction zu bewilligen seyn möchte, daß er weder sich, noch eine andre jüdische Familie auf der in Heinholz erkauften Stelle seßhaft mache.
Pinneberger Landdrostey, den 13ten April 1827.
Allerunterthänigst Doring. " (18)

Am 13.August 1827 erhielt Jonas Samuel die Erlaubnis, die Landstelle auf seinen Namen umschreiben zu dürfen, mit der Auflage, dass weder er noch eine andere jüdische Familie dort wohnen dürfe. (19)

(20) Seit dem 15.6.1812 war er Besitzer einer Landstelle in Langelohe. (21)
1813 ersteigerte er die Katenstelle in Hainholz (22), 1816 wurde ihm die Niederlassung in Itzehoe gestattet und 1819 kaufte Jonas das Haus Sandberg 24 in Itzehoe. Er steuerte jährlich 12 Rthl. zur Itzehoer Armen- und Commünecasse bei. (23)
1830 wurde er als Hausbesitzer in der Marktstraße in Elmshorn geführt und stand in der Liste der Bewohner, die zur Reinigung des Burggrabens verpflichtet waren. (24)
Im Brandkataster von 1838 führte Jonas zusammen mit Moses Samuel ein Geschäft mit Ellenwaren. (25)

Neben der christlichen gab es in Elmshorn auch eine jüdische Miliz. 1807 diente Jonas Samuel als 2. Offizier bei der jüdischen Abteilung der Küstenmiliz. Diese wurde 1813 wieder aufgelöst, aber bei einigen Juden ging die Vaterlandstreue so weit, dass sie diese Auflösung nicht beachteten. So kam es dazu, dass Jonas Samuel am 23.Juli 1839 im Alter von 81 Jahren den König um seinen Rücktritt aus der Miliz bat:

„Allergnädigster König!
Im Jahre 1807 erboten sich fünfzig in Elmshorn wohnende Israeliten ein Corps zu errichten, um für die Ruhe und das Wohl des Fleckens Elmshorn zu wachen, und wurde solches von Ihrer königlichen Majestät allergnädigst genehmigt. Zu

gleicher Zeit als der Vorsteher der Gemeinde zum Major und ich zum Subalternofficier (26) des Corps ernannt wurde, hatten Ihre Majestät die Gnade, sich unser Oberst zu nennen und uns dadurch mit Ihrer Landesväterlichen Güte im hohen Grade zu überschütten. Der Vorsteher der Gemeinde war kränklich und starb, und somit habe ich die Zeit über, wo das Corps bestand, selbiges vorgestanden, ohne später dieser Pflicht entbunden zu seyn, und weshalb ich jetzt in einem Alter von 81 Jahren die allerunterthänigste Bitte wage, daß Ihre königliche Majestät mir allergnädigst meinen Abschied ertheilen wollen, wobei ich mit wahrer Ergebenheit für Ihre Majestät auf eine Pension verzichte." (27)

Der König holte sich darüber vom Administrator einen Bericht ein:

„Im Jahre 1807 wurde im Flecken Elmshorn gleich wie an anderen Orten der Ost- und Westküste eine Küstenmiliz errichtet; circa 50 hiesige Israeliten bildeten ein eigenes Corps darin; der verstorbene Isaac Moses war erster Officier oder Major, der Supplicant Jonas Samuel, zweiter Officier oder Lieutenant; ersterer bekümmerte sich wenig darum, letzterer war dagegen diensteifriger; die Waffenübungen wurden im hiesigen Außendeiche gehalten und einige Male man schickte dies Corps nach dem Elbstrande bei Collmar zur Wache; die bei solchen Gelegenheiten stattgehabten scherzhaften Vorfälle sind hier noch in Erinnerung und werden häufig in fröhlichen Circeln von damaligen Augenzeugen erzählt. Nach und nach löste dies Corps sich immer mehr auf, bis im Jahre 1813 dem einrückenden Feinde deßen sämmtliche Waffen, als Piken und Flinten, abgeliefert werden mußten, und wurde nach der Zeit kein ähnliches Corps wieder errichtet, so wie die Gemeinden wurden auch die Officiere gewiß stillschweigend vom Dienste entlaßen. Wenn nun Supplicant jetzt nach Verlauf von 26 Jahren er sich wieder in Erinnerung bringt, daß er damals von seinem Posten nicht förmlich entlaßen, so mag dies wohl teils sein hohes Alter von 81 Jahren und des jetzt vielleicht erst vage gewordenen Bewußtseins, daß er damals sehr diensteifrig gewesen, hervorgerufen haben, und dürfte es ihm in seinem hohen Alter gewiß eine große Freude gewähren, wenn ihm die allerhöchste Gnade seines Landesvaters unseres allergnädigsten Königs dahin zu Theil würde, daß von Allerhöchst Demselben unmittelbar die nun ihm erbetene Verabschiedung bewilliget würde, und da er ein vermögender Mann ist, der keiner Unterstützung bedarf, vielleicht mit irgend einer anderen Gnadenbezeigung verbunden, wobei ich noch ganz gehorsamst zu bemerken mir erlaube, daß wiewohl Supplicant jetzt in Itzehoe wohnt, früher stets hieselbst gewohnt hat und noch Mitglied der hiesigen Israelitischen Gemeinde ist, auch im hiesigen Flecken Besitzungen hat, die jedoch zum Theil schon auf seine Söhne übergegangen sind, und daß Supplicant sowohl, wie deßen Familien-Mitglieder sich so viel hat in Erfahrung gebracht werden und ich selbst während meiner Dienstzeit habe bemerken können, stets sich als ordentlicher Einwohner und rechtlicher Staatsbürger betragen haben." (28)

Im September 1827 stieg Samuel Jonas aus der mit den Söhnen geführten Firma aus:

„Da die von Unterzeichneten unter der Firma von Jonas Samuel et Söhne geführte Handlung in Folge freundschaftlicher Übereinkunft seit Johanny d. J. ihre Endschaft erreicht hat, so ersuchen wir diejenigen, welche noch rechtliche Forderung an diese Firma zu haben glauben, sich bis 31. December d. J. bey uns zu melden, um Zahlung entgegen zu nehmen. Indem wir unseren resp. Handlungsfreunden für das uns geschenkte Vertrauen danken, bitten wir solches auf einen jeden von uns zu übertragen. Durch pünctliche Ausführung eines jeden Auftrags wird jeder der Unterzeichneten solches zu erhalten sich bestreben. Itzehoe, den 17ten September 1827
Jonas Samuel in Itzehoe
Levin Jonas in Elmshorn
Meyer Jonas in Elmshorn" (29)

Am 20.11.1846 starb Jonas Samuel. Die biografischen Daten seiner beiden Frauen sind nicht bekannt.

Anmerkungen:

1) Kennkarte, Personendatei Kirschninck
2) Friedhofsbuch, Adressbuch 1810, VR 1803 unter Samuel Jonas, Dän. Census 1803 unter Jonas Samuel
3) Ebenda
4) Marktstätte-Gelder, Stadtarchiv
5) LAS Abt. 65.2 Nr. 3629 I
6) Vgl. Niederlassung in Elmshorn in: Kirschninck, Harald: Geschichte der Juden in Elmshorn, Bd.1, a.a.O.
7) Wurthstelle= Warft=Aufschüttung für das Marschen- und Hallig-Haus
8) Officia=Ämter

9)   LAS Abt. 65.2 Nr. 440 III
10)   LAS Abt. 65.2 Nr. 3629 II
11)   LAS Abt. 65.2 Nr. 3629 II
12)   LAS Abt. 65.2 Nr. 3629 II
13)   LAS Abt. 65.2 Nr. 3629 II
14)   Pluslicitant= Meistbietender
15)   praestanda praestiren = Abgaben leisten
16)   revertiren= zusichern
17)   LAS Abt. 65.2 Nr.440 III
18)   LAS Abt. 65.2 Nr.440 III
19)   Ebenda
20)   LAS Abt. 65.2 Nr. 440 III; Stadtarchiv Abt. A3 Nr. 376/0
21)   LAS Abt. 65.2 Nr. 440 III
22)   LAS Abt. 65.2 Nr. 3629 II
23)   LAS Abt. 65.2 Nr.440 II
24)   Nach Struve: Elmshorner Hausbesitzer im Jahre 1830, AdeH, a.a.O., Aug 1931
25)   Brandcataster
26)   Subalternofficier = Unteroffizier
27)   Stadtarchiv Elmshorn Abt. A3, Nr. 376/0
28)   Stadtarchiv Abt. A3 Nr. 376/0
29)   https://books.google.de/books?id=hOU1AQAAMAAJ&hl=de&pg=PT1221&img=1&zoom=3&sig=ACfU3U35cfGH_LmCdAH2OdJ2P-G56sfShQ&ci=143%2C596%2C427%2C288&edge=0. 29.9.1827 nr. 156 Staats- und gelehrte Zeitung des hamburgischen unpartheyischen Corres-pondenten.

#

Vorderseite (Foto: Bert Sommer)   Rückseite (Foto: Bert Sommer)

Name:	Isaac Abraham Sussmann
Geboren:	1778 in Elmshorn
Gestorben:	3.2.1851 in Elmshorn (1. Adar 5611)
Eltern:	Handelsmann Abraham Sussmann und Merdel, geb. ?
Ehepartner:	Rechel (Rachel) Sussmann, geb. Isaac
Kinder:	Moses Isaac (1810), Sussmann Isaac (1813/1814), Sophia (1814), Rosa (1815/ 1817)
Wohnort:	Marktstrasse, Flamweg 8 in Elmshorn (1)
Beruf	Lohgerber, Lederfabrikant, Lederhandel

פ״נ	*Hier ist begraben*
האיש הישר כ׳	*der aufrechte Mann, der geehrte*
איצק ב״ר אברהם ז״ל	*Izek, Sohn des Herrn Awraham, sein Andenken zum Segen,*
שנפטר בשם טוב והולך	*der verschieden ist ›mit gutem Namen‹ ›und hinging*
לעולמו אור ליום ב׳ ב׳	*in seine Welt‹ zu Beginn des Tages 2, 2.*
דראש חודש אדר ראשון	*von Neumond des ersten Adar,*
ונקבר ביום ג׳ ב׳ דחודש	*und begraben wurde am Tag 3, 2. des Monats,*
שנת תרי״א לפ״ק	*des Jahres 611 der kleinen Zählung.*
תנצב״ה	*Seine Seele sei eingebunden in das Bündel des Lebens*

Rückseite

Ruhestätte

0

für

Isaac Abraham

Sussmann

Nathanja Hüttenmeister. http://www.steinheim-institut.de:80/cgi-bin/epidat?id=elm-142

Isaac Abraham Sussmann, auch Itzig genannt, wurde 1778 in Elmshorn als Sohn des Handelsmannes Abraham Sussmann und seiner Frau Merdel geboren. Mit 14 Jahren sollte er zu den Gemeindeabgaben herangezogen werden. Isaac weigerte sich, da er dazu nach den Statuten erst ab dem 20. Lebensjahr verpflichtet war. Daraufhin wurde er von den Vorstehern der Jüdischen Gemeinde mit dem Bann belegt. Dieser Streit wurde bald wieder beigelegt. (2) Isaac arbeitete zunächst als Angestellter bei dem Elmshorner Amtsmeister und Gerber Peter Schmidt und kaufte in seinem Auftrag als „Commissionär" Felle ein. Hier erlernte er das Handwerk des Lohgerbens, das nur Zunftangehörigen vorbehalten war. (3) Aus dieser Zeit stammt ein Reisepass für Isaac

Sussmann vom 29.9.1805. Es wurde ihm dabei gestattet, über Horst nach Itzehoe zu reisen, um Felle einzukaufen. (4) 1805 war es den Juden noch nicht gestattet, sich frei auf dem Lande oder in den Städten niederzulassen. Nur in ganz wenigen Ortschaften wurde ihnen es gegen Zahlung eines Schutzgeldes erlaubt. (5) Eine der wenigen Ortschaften war Elmshorn. Daher kam es, dass sich die Juden in diesen Orten konzentrierten. Anfang des 19. Jahrhunderts gab es in Elmshorn 204 Juden. Bei zu der Zeit 2400 Einwohnern machten diese acht Prozent der damaligen Einwohnerschaft aus. (6) Sofern ein Jude eine Ausbildung oder ein Angestelltenverhältnis außerhalb der erlaubten Orte eingehen wollte, benötigte er zusätzlich zu seinen Reisepapieren auch noch einen „Heimatschein". Hierin wurde es dem Besitzer des Papiers bescheinigt, dass er im Falle einer Krankheit in seinen Heimatort zurückkehren durfte und im Falle, dass er gepflegt werden musste, die heimatliche jüdische Gemeinde für die Pflegekosten aufkam. (7)

Isaac heiratete Rechel (Rachel) Isaac, die 1778 in Elmshorn als Tochter von Isaac Moses geboren wurde. (8) Das Paar bekam mindestens vier Kinder: Moses Isaac (1810), Sussmann Isaac (1813/1814), Sophia (1814) und Rosa (1815/ 1817). (9)
1830 stand er in der Liste der Bewohner, die zur Reinigung des Burggrabens in Barmstedt verpflichtet waren. (10)

Im Brandcataster von 1838 werden drei Häuser von Isaac Sussmann aufgelistet: im Wedenkamp, Flamweg und auf Kaltenweide. (11) Isaac Sussmann engagierte sich auch in der Jüdischen Gemeinde. Er war in den Jahren 1821 zusammen mit Michel Levin deren Vorsteher (12), später noch einmal in den Jahren 1834 und 1835.

Am 12. 10.1824 wurde es den Juden erlaubt, sich in Zünfte einzuschreiben. Es gab allerdings schon vorher einige jüdische Freimeister, denen es erlaubt war, ein Handwerk auszuüben. Zu diesen Freimeistern gehörte auch Isaac Abraham Sussmann. (13) Am 16.7.1808 reichte Isaac Abraham Sussmann ein Gesuch um Anlegung einer Lohgerberei ein. Als Antwort bekam er, ihm solle eine Konzession erteilt werden, wenn das Privileg der Schuster eingesandt worden sei; bis dahin sei von der Erteilung einer Konzession Abstand zu nehmen. 1815 hatte Sussmann auf sein mehrfaches Ansuchen immer noch nichts erreicht.

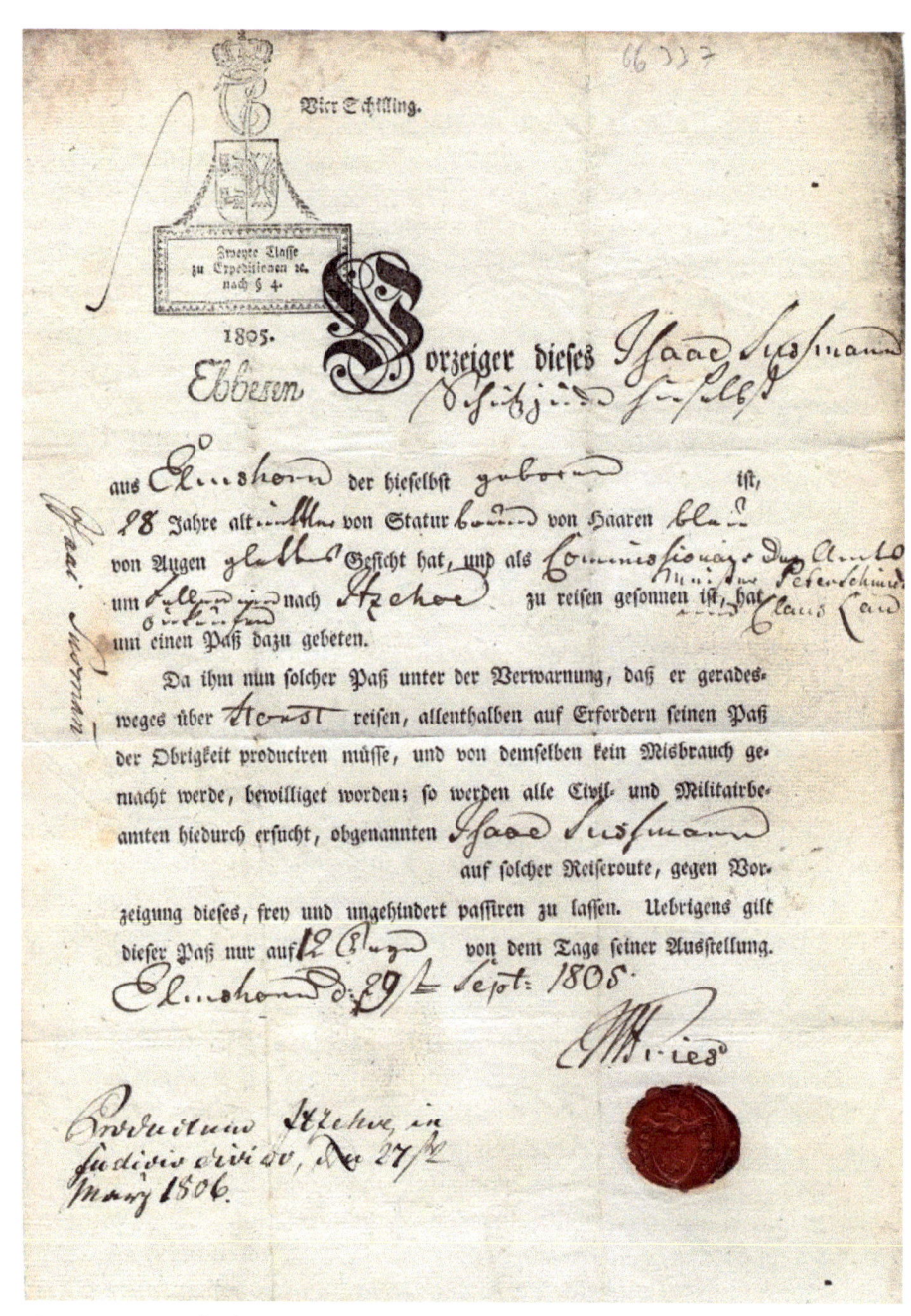

Reisepass Isaac Abraham Sussmann. Stadtarchiv Elmshorn

Erst am 9.7.1822 wurde Isaak Abraham Sussmann gegen Erlegung einer Rekognition von 16 Rtlrn zum Betrieb der Gerberei conzediert. So entstand in Elmshorn die erste größere Gerberei an der Flamweger Hinterstrasse (Neue Strasse) gelegen. Als Gerbstoff diente die Eichenlohe. (14)

Diese erste Gerberei in Elmshorn sollte schnell zur größten in Schleswig und Holstein werden. Nach dem Volkszahlregister von 1835 waren in der Fabrik vier Angestellte beschäftigt: 1 Schreiber, 1 Dienstbote und 1 Lohgergeselle aus Westfalen und 1 Lohgergergesellen aus Ungarn. (15)
Sie wuchs schnell. Noch im gleichen Jahr 1835 soll sie dann sieben Arbeiter beschäftigt haben.

„Um 1835 beschäftigte diese „Fabrik" jedoch nur sieben Arbeiter. Der Materialumsatz war dennoch beachtlich. Jährlich wurden in diesem Betrieb 2.000 Stück Sohlleder, 3.000 Stück Kalbleder, 2.000 Stück Schafleder, 800 Stück Rossleder, 1.200 Stück Kuhleder und etwas Wildleder hergestellt. Der Verbrauch an Betriebs- und Hilfsstoffen betrug 3.000 t Lohe, 12 t Kalk, 10 t Teer und 300 Pfund Öl." (16)

Am 13.2.1837 verstarb Rachel (Rechel) Sussmann, Isaac Abraham Sussmann starb am 3.2.1851 in Elmshorn. (17) Die Geschäfte führten seine Söhne weiter. 1878 verkaufte Susmann Isaac Sussmann die Gerberei in der Neuen Straße an Johann Knecht, der fünf Jahre zuvor, im Jahre 1873 eine Gerberei auf Klostersande gründete. (18)

Anmerkungen:

1)	Kennkarte, Personendatei Kirschninck, Friedhofsbuch
2)	LAS Abt. 65.2 Nr. 3629
3)	Reisepass Isaac Sussmann. Stadtarchiv Elmshorn
4)	Ebenda
5)	Vgl. Kirschninck, Harald: Bd.1. a.a.O.
6)	Ebenda
7)	Ebenda
8)	Kennkarte
9)	Kennkarte
10)	Nach Struve. Elmshorner Hausbesitzer im Jahre 1830, AdeH Aug 1931
11)	SA G3110.001-009
12)	LAS Abt. 65.2 Nr. 3629 II
13)	Vgl. Kirschninck, Harald: Geschichte ..., Bd.1, a.a.O.
14)	Struve, Konrad: Über die Gerberei in Elmshorn, AdeH Mai 1928
15)	Volkszahlregister 1835
16)	Böhnke, Bärbel: Lederfabrikation-größter Industriezweig Elmshorns. In: Stadt Elmshorn (Hrsg.): Beiträge zur Elmshorner Geschichte. Bd. 10. Industriemuseum Elmshorn. Geschichten von Arbeit und Alltag. Elmshorn 1997. S. 40. Die Quelle der Zahlen nannte Bärbel Böhnke nicht. Zitiert wurden die Zahlen in: Schanbacher, Ansgar: „Umweltverschmutzung und Stadthygiene in Elmshorn", in: Dominik Collet, Manfred Jakubowski-Tiessen (Hrsg.): Schauplätze der Umweltgeschichte in Schleswig-Holstein Göttingen 2013, S. 191-202.
17)	Kennkarte, Friedhofsbuch
18)	Personendatei Kirschninck

Foto: Bert Sommer

Foto: Bert Sommer

Foto: Bert Sommer

Rechte Stele

Hier ist begraben -

›ein lauterer und aufrechter Mann‹ war er,

›ein Gerechter, der in seinem Glauben lebte‹,

es ist Herr Pinchas, Sohn des Herrn Natan

Selig Oppenheim, gestorben

am Tag 2, 22. Tewet, und begraben

am Tag 4, 24. desselben, des Jahres 670

der kleinen Zählung.

Seine Seele sei eingebunden in das Bündel des Lebens

Rückseite

פ"נ

איש תם וישר היה

צדיק באמונתו חיה

ה"ה ר' פנחס בן ר' נתן

זעליג אפפענהיים מת

ביום ב' כ"ב טבת ונקבר

ביום ד' כ"ד בו שנת

תר"ע

לפ"ק

תנצב"ה

Ruhestätte

0

für

Selig Nathan

Oppenheim

geb. 12. Aug. 1827,

gest. 3. Jan. 1910.

5

Postament

Ruhe in Frieden.

Linke Stele

Hier ist begraben

eine aufrechte Frau, es ist Frau

Rechel, Tochter des Herrn Jeschajahu,

Gattin des Herrn Pinchas Selig

0

Oppenheim, gestorben am Tag

1, 6. Tammus, und begraben am Tag

3, 8. desselben, des Jahres 664

der kleinen Zählung.

Ihre Seele sei eingebunden in das Bündel des Lebens

פ"נ

אשה ישרה ה"ה מרת

רעביל ב"ר ישעי'

אשת ר' פנחס זעליג

אפפענהיים מתה ביום

א' ו' תמוז ונקברה ביום

ג' ח' בו שנת תרס"ד

לפ"ק

תנצב"ה

5

96

Rückseite

Ruhestätte
für
Riecke Oppenheim
geb. Hirsch

geb. 28. Jan. 1828,
gest. 19. Juni 1904.

0

Postament

Ruhe sanft.

Tafel auf Verbin-
dungsstück

Wer so wie Ihr in Ein-
tracht hat gewirkt,
Des Schicksals Wandel
trug mit Gottvertraun,
Dabei manch' Thräne
liebend konnte stillen: 5
Hat vorbildlich des
Daseins hehre Pflicht
erfüllt
Und hat gelebt für die
Zeiten.
Zit. n. Nathanja Hüttenmeister. http://www.steinheim-institut.de:80/cgi-
bin/epidat?id=elm-52

Name:	Selig Nathan Oppenheim
Jüd. Name:	Pinchas ben Natan Selig Oppenheim
Geboren:	12.8.1827 in Elmshorn
Gestorben:	3.1.1910 in Elmshorn (22. Tewet 5670)
Eltern:	Nathan Magnus Oppenheim und Fanny (Frommet), geb. Moses
Ehepartner:	Rieke, geb. Hirsch
Kinder:	Julius (1853), Magnus (1854), Hermann (1857), Emma (1859), Sally (1860), Emilie (1863), Moritz (1864) und Rosa (1866)
Wohnort:	Flamweg 24 ,30 in Elmshorn (1)
Beruf	Lederhändler
Hist. Grabsteinnr.:	177

Selig Nathan Oppenheim wurde als Sohn des Nathan Magnus Oppenheim und Fanny (Frommet), geb. Moses, am 12.8.1827 in Elmshorn geboren. Er wurde Lederhändler von Beruf und lebte auf dem Flamweg.

Am 14.9.1848 trat Selig Nathan ins Militär ein und diente als Gefreiter beim 6. und 15. Bataillon. Er nahm am Befreiungskrieg von 1848-1851 teil. Hierbei stürmte er am 4.10.1850 die Borkmühlenschanze bei Friedrichstadt, wobei ihm der linke Arm zerschossen wurde. Für diese Tat wurde er am 17.10.1850 wegen seiner Tapferkeit mit der goldenen Denkmünze ausgezeichnet, die insgesamt nur vier Mal verliehen wurde. Darüber hinaus erhielt er noch das Erinnerungskreuz. (2)

Nach seinem Ausscheiden aus dem Militär heiratete Selig Nathan am 22.6.1852 die aus Friedrichstadt stammende Rieke Hirsch. Sie wurde am 28.1.1828 als Tochter von Kaufmann Schain Hirsch und Bertha Salomon, geboren. (3) Das Ehepaar bekam acht Kinder: Julius (1853), Magnus (1854), Hermann (1857), Emma (1859), Sally (1860), Emilie (1863), Moritz (1864) und Rosa (1866). (4)

Selig Nathan Oppenheim trat im März 1864 in den Kampfgenossenverein von 1848/1851 ein. (5) Er war in Elmshorn und in der jüdischen Gemeinde nicht nur wegen seiner militärischen Verdienste sehr angesehen. So hatte er sehr lange die Funktion des Gemeinde-Deputierten-Stellvertreters (6) inne und am 5.7.1906 legte er als Gemeindeältester den Grundstein für die neue Friedhofs-kapelle (7).

Selig Nathan Oppenheim. Foto: aus Sammlung Oppen-heim. Leo Baeck Institut, New York.

Goldene Denkmünze, die Selig Nathan Oppenheim am 17.10.1850 verliehen wurde. Original: Familie Rudolf Oppenheim. Foto: Sammlung Oppenheim. Leo Baeck Institut, New York.

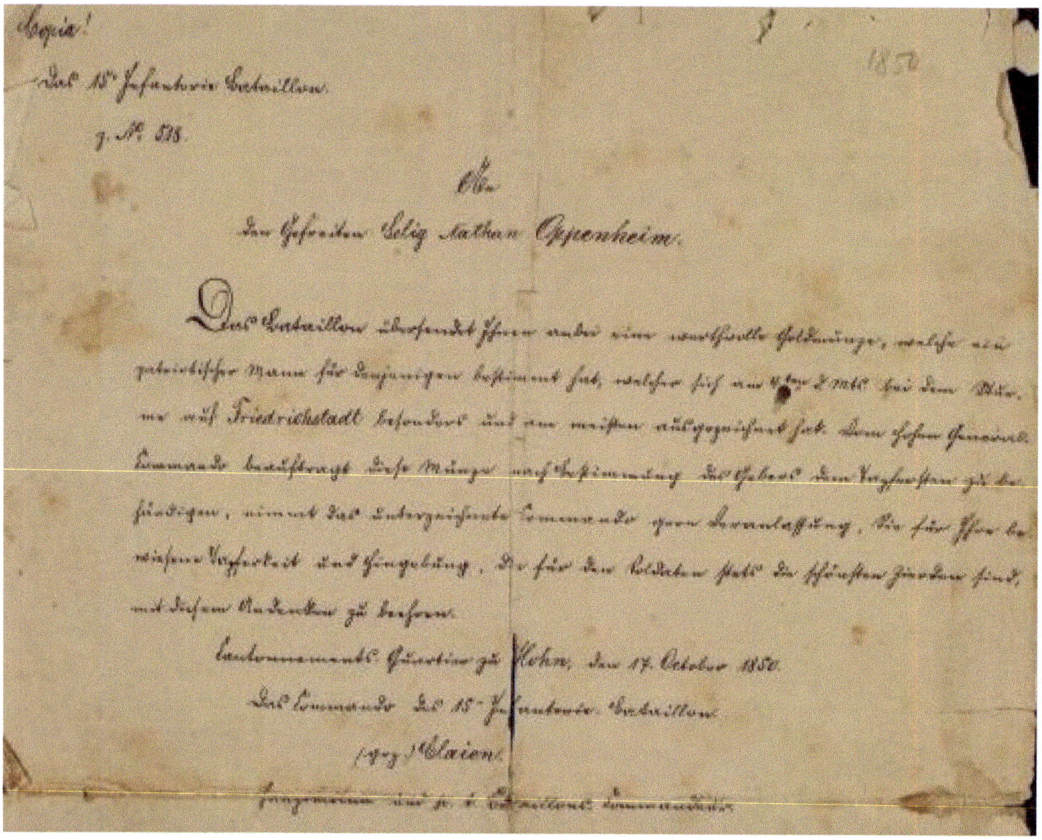

Begleitschreiben zur Verleihung der Goldmünze an Selig Nathan Oppenheim. Aus: Sammlung Oppenheim. Leo Baeck Institut, New York.

Wie bürokratisch es auch zu Beginn des 20. Jahrhunderts zuging, zeigt ein Vorgang, der die Familie Oppenheim betraf. Am 5. April 1910 erhielt die Gemeinde folgenden Brief:

„Anläßlich Eintragung unserer Geburt in das Kirchenbuch, als Matrikel Register der Israelitischen Gemeinde zu Elmshorn, wurde sowohl der Name unseres Vaters Selig Nathan Oppenheim, wie auch der unserige, irrthümlich mit Oppenheimer bezeichnet. Wir beantragen daher die Berichtigung der früheren Eintragung vorzunehmen.
Hochachtungsvoll
Magnus Oppenheim
H. Oppenheim
Emma Israel, geb.Oppenheim
Salli Oppenheim " (8)

Diese Berichtigung im Kirchenregister war nun nicht so einfach möglich. Zunächst sollten die Geschwister Oppenheim den richtigen Namen anhand des Geburtsscheines des Vaters nachweisen:

"Meldung. Die Geschwister Oppenheim sind vom Unterzeichneten aufgefordert worden, die Geburtsscheine ihres Vaters und Großvaters umgehend einzureichen. Dieselben erklären, der Geburtsschein ihres Großvaters sei nicht zu beschaffen, da derselbe nicht hier geboren sei. Auch der Geburtsschein des Vaters könne von der Israelitischen Gemeinde in Elmshorn, welche früher das Matrikelregister vor Einführung des Standesamts von den Israeliten führte, nicht ertheilt werden, weil das Kirchenbuch, welches die älteren Jahrgänge enthielt, in Verlust gerathen sei. Doch lauten sämtliche Militairpapiere des Vaters auf Selig Nathan Oppenheim. Derselbe hinterließ 8 Kinder, welche bis auf die Antragsteller auch richtig auf den Namen Oppenheim eingetragen sind.
Speckhahn. Polizeisergeant." (9)

Man könnte meinen, hiermit sei der Fall klar und der Name würde nun geändert. Aber weit gefehlt. Die Jüdische Gemeinde hatte zunächst eine Bescheinigung auszustellen:

"Hierdurch bestätigen wir, daß der am dritten Januar 1910 hier verstorbene Selig Nathan Oppenheim hier geboren wurde und daß das Kirchenbuch der unterfertigten Gemeinde, in welches seine Geburt verzeichnet wurde, in Verlust gerathen ist. Derselbe hat seit seiner Geburt und während seiner Verheirathung mit Rike, geb. Hirsch beständig hier gewohnt und wenn von den dieser Ehe entsprossenen acht Kindern die Geburt einiger derselben unrichtig in das vorhandene Kirchenbuch eingetragen wurde, solches lediglich auf ein Schreibfehler der früheren Beamte der unterfertigten Behörde zurückzuführen ist.
Der p.p. Selig Nathan Oppenheimer ist identisch mit Selig Nathan Oppenheim.
Elmshorn 11. Mai 1910   Der Vorstand der Israelitischen Gemeinde zu Elmshorn
E.M. Ely " (10)

Die Polizeiverwaltung Elmshorn schickte diese Erklärung an den Landrat Dr. Scheiff mit der Bemerkung, dass der Geburtsschein des Vaters verloren gegangen, und der Geburtsschein des Großvaters nicht beschafft werden könne, weil der Geburtsort unbekannt sei. (11)

Der Landrat schickte den Vorgang an das Regierungspräsidium, das am 27. Mai 1910 antwortete, die Antragsteller möchten noch weitere Urkunden darüber beibringen, dass der Vater Oppenheim und nicht Oppenheimer geheißen hat. (12) Julius Oppenheim schrieb daher am 10. Juni an die Polizeibehörde in Elmshorn:

„In Erledigung Ihrer Zuschrift vom 31. Mai d.J. übersende ich Ihnen anbei den Civil-Versorgungsschein meines Vaters, aus dem hervorgeht, daß derselbe Oppenheim und nicht Oppenheimer hieß und so auch in seinem vom 15. May 1857 seitens der Militairbehörde ausgestellten Führungs-Attest, ebenso in einem Begleitschreiben bei Ueberreichung einer Denkmünze seitens des Kommando des 15. Infanterie-Bataillons der fünften Schleswig-Holsteinischen Armee v. 1848/51 am 17. October 1850 benannt wird. Ebenso bemerke ich, daß sowohl mein Geburtsschein, wie der meiner Geschwister, welche sämtlich von der hiesigen israelitischen Gemeinde ausgestellt sind, auf den richtigen Namen Oppenheim lauten. Nur im Kirchenbuch der israelitischen Gemeinde hier haben sich anläßlich der Geburtseintragung meiner Geschwister Magnus,

Hermann, Sally und Emma kleine unwesentliche Schreibfehler gezeigt, deren Richtigstellung von den vier Genannten bei der Israelitischen Gemeinde deshalb beantragt wurde, weil ich von dem Vorstand der Gemeinde eine Bestätigung wünsche u. beantragt habe, daß mein Vater mit seiner Ehefrau Rieke, geb. Hirsch, acht Kinder hatte. Dieses Dokument ist zur Regulierung des Nachlasses meines Vaters erforderlich. Außerdem kann die Polizeiverwaltung bestätigen, daß hier nie ein Oppenheimer gewohnt hat.
Hochachtend Julius Oppenheim " (13)

Die Polizeibehörde bestätigte, dass nie ein Oppenheimer in Elmshorn gewohnt habe. (14) Endlich verfügte die Regierung unter dem 4. Juli:

"Ich ermächtige den Vorstand der Israelitischen Gemeinde zu Elmshorn, im Kirchenbuch der dortigen Israelitischen Gemeinde unter Angabe des Tages und der Geschäftsnummer dieser Verfügung bei der Eintragung der Geburt
des am 9. Dezember 1854 geborenen Mannes, genannt Magnus Oppenheimer,
des am 17. Februar 1854 geborenen Hirsch genannt oder Hermann Oppenheimer,
des am 27. November 1860 geborenen Salomon, genannt Salli Oppenheimer und der am 2. Dezember 1858 geborenen Emma Oppenheimer folgenden Vermerk hinzuzufügen:
der Familienname ist richtig Oppenheim." (15)

Am 28.August 1901 erhielt Selig Nathan Oppenheim vom Militärkommando Altona eine Pension von insgesamt 42 RM. (16)

1902 feierte Selig Nathan Oppenheim zusammen mit seiner Frau Rieke die Goldene Hochzeit. Hierüber erschien in den Elmshorner Nachrichten folgender Artikel:

— Das Fest der goldenen Hochzeit des Herrn S. Oppenheim und Frau, geb. Hirsch aus Friedrichstadt, am Sonntag gestaltete sich zu einer imposanten öffentlichen Kundgebung. Bekanntlich stand Herr Oppenheim während des schleswig-holsteinischen Freiheitskrieges bei der 2. Komp. des 15. Inf.-Batl. und kämpfte in den sturmbewegten Tagen vom 29. Septbr. bis 4. Oktbr. 1850 mit vor Friedrichstadt und erhielt einen Schuß durch den Arm, als er die schlesw.-holst. Fahne aufpflanzte und eine dänische eroberte. Am Sonnabend war auf Veranlassung des Vorstandes der hiesigen israelitischen Gemeinde die Synagoge aufs Schönste bekränzt. Dem Jubelpaar wurde vor dem Altar von dem Kultusbeamten Bachrach mit einer Ansprache die vom Kaiser gestiftete, durch Vermittelung des Regierungspräsidenten durch den Oberrabbiner Dr. Lenner-Altona übersandte Ehestandsjubiläumsmedaille nebst Begleitschreiben feierlichst überreicht. Am Sonntag Morgen gegen 6 Uhr versammelten sich sämmtliche Kinder, 6 Geschwister mit ihren Frauen und 19 Enkelkindern, und brachten ihre Glückwünsche dar, eine halbe Stunde später wurde vom Kampfgenossenverein von 1848/51 ein Ständchen dargebracht. Um 10 Uhr erschienen die Veteranen abermals und überreichten zum Andenken eine wohlgelungene photographische Aufnahme des Vereins. Der Vorsitzende berührte in einer Ansprache die Verdienste des Jubilars aus den Kriegsjahren. Die Veteranen wurden mit einer plattdeutschen Rede eines Sohnes des Jubilars begrüßt und verweilten ein paar gemüthliche Stunden. Darauf erschienen der Vorstand und die Gemeindeglieder der israelitischen Gemeinde mit ihren Damen, sowie Nachbarn und bekannte Mitbürger, sodaß das Haus die Gäste kaum fassen konnte. Nachmittags kamen die Verwandten mit ihren Familien und Abends fand eine Familienfeier im „Gr. Hause" statt. Während der Tafel wurden von den 19 Enkelkindern Episoden aus dem Leben der Jubilare zur Aufführung gebracht. Die Feier erreichte mit Rücksicht auf das Alter der Jubilare gegen 12 Uhr ihr Ende. Das Jubelpaar erhielt viele Aufmerksamkeiten, sowie über hundert Glückwunsch-Telegramme, darunter vom Landrath Herrn Dr. Scheiff und von auswärtigen Veteranen. Trotz der vielen Anstrengungen und Aufregungen der Festtage hat das betagte, aber noch rüstige Paar die ganze Feier gut überstanden.

Elmshorner Nachrichten von Juni 1902.

104

Rieke Oppenheim starb am 19.6.1904. Am 3.1.1910 starb Selig Nathan Oppenheim in Elmshorn. (17) Als Nachruf erschienen folgende Artikel „Im deutschen Reich", der Zeitschrift des Centralvereins deutscher Staatsbürger jüdischen Glaubens. (18)

± **Elmshorn.** 3. Januar. Im Alter von 83 Jahren verstarb hier der 48er Veteran, Selig Nathan Oppenheim, der sich im schleswig-holsteinischen Feldzuge durch Tapferkeit ausgezeichnet hat. Bei dem Tode dieses Veteranen ist die alte Streitfrage, wer im Jahre 1850 die erste schleswig-holsteinische Fahne auf die Dänenschanzen bei Friedrichstadt gepflanzt hat, wieder lebhaft erörtert worden. Die einen nennen den Pastor Harder, damals Fähnrich; andere schreiben das Verdienst dem obengenannten Oppenheim zu. Ohne die Frage entscheiden zu wollen, begnügen wir uns, zwei Schriftstücke zu veröffentlichen, die von der Tapferkeit des Oppenheim Zeugnis ablegen. Die beiden Briefe, deren Echtheit beglaubigt ist, lauten:

I.

Das 15. Infanterie-Bataillon
zu Nr. 518.

An den Gefreiten Selig Nathan Oppenheim!

Das Bataillon übersendet Ihnen anbei eine wertvolle Goldmünze, welche ein patriotischer Mann für denjenigen bestimmt hat, welcher sich am 4. d. M. bei dem Sturm auf Friedrichstadt besonders und am meisten ausgezeichnet hat. Vom hohen Generalkommando beauftragt, diese Denkmünze nach Bestimmung des Gebers dem Tapfersten zu behändigen, nimmt das unterzeichnete Kommando gern Veranlassung, Sie für Ihre bewiesene Tapferkeit und Hingebung, die für den Soldaten stets die schärfsten Zierden sind, mit diesem Andenken zu beehren.

Kantonnements-Quartier zu Hohn, den 17. Okt. 1850.
Das Kommando des 15. Infanterie-Bataillons.
gez. Claien,
Hauptmann und p. t. Bataillons-Kommandeur

II.
Führungs-Attest.

Der Gefreite Selig Nathan Oppenheim, aus Elmshorn gebürtig, 25 Jahre alt, seit dem 14. September 1848 in hiesigem Dienste und zwar bei der 2. Kompagnie 15. Infanterie-Bataillons, hat sich nicht allein zur vollsten Zufriedenheit geführt, sondern sich stets vor seinesgleichen hervorgetan. Der Oppenheim avancierte wegen seiner in dem Gefecht bei Helligbeck und bei Jdstedt an den Tag gelegten Bravour zum Gefreiten, zeichnete sich dann in dem Gefecht bei Missunde rühmlich aus, und wurde ihm ferner wegen seines während des Sturmes auf Friedrichstadt bewiesenen männlichen Mutes und seiner Ausdauer von Sr. Exzellenz dem kommandierenden General Herrn von Meliesen eine goldene schleswig-holsteinische Denkmünze als Anerkennung zuerteilt; bei Friedrichstadt wurde der p. Oppenheim an dem linken Oberarm schwer verwundet.

Heide, den 15. März 1851.
L. S.   gez. von Herzberg,
Hauptmann und Chef der 2. Comp. 15. Batt.

Anmerkungen:

1)   Kennkarte, Personendatei Kirschninck
2)   Führungsattest für Selig Nathan Oppenheim, 15. 3.1851. Rudolf Oppenheim. Sammlung Kirschninck.
3)   http://person.ancestry.com/tree/34194693/person/18605403149/facts
4)   Personendatei Kirschninck, Geburtsscheine
5)   Personendatei Kirschninck
6)   Gemeindeprotokolle
7)   Ebenda
8)   LAS Abt. 309 Nr. 17516
9)   Ebenda
10)   Ebenda
11)   Ebenda
12)   Ebenda
13)   Ebenda
14)   Ebenda
15)   Ebenda
16)   Pensionszusage vom 28.8.1901. Aus: Sammlung Oppenheim. Leo Baeck Institut. New York.
17)   Personendatei Kirschninck
18)   Im deutschen Reich.1910 Heft 2 S. 108f.

Foto: Bert Sommer

Siegmund Stern
geb. 15. Sept. 1883, gest.
22. Jan. 1936.

פ״נ		Hier ist begraben
האיש ר׳ פינחס בן		der Mann, Herr Pinchas, Sohn des
קלונימות		Kalonymos,
מת ביום ד׳ כ״ז טבת		gestorben am Tag 4, 27. Tewet
תרצ״ו לפ״ק	5	696 der kleinen Zählung,
ונקבר כ״ט בו		und begraben 29. desselben.
תנצב״ה		Seine Seele sei eingebunden in
		das Bündel des Lebens

Zit. n. Nathanja Hüttenmeister. http://www.steinheim-institut.de:80/cgi-bin/epidat?id=elm-15

Name:	Siegmund Stern
Jüd. Name:	Pinchas ben Kalonymos
Geboren:	15.09.1883 in Ockershausen (Marburg)
Gestorben:	22.1.1936 in Elmshorn
Eltern:	Viehhändler Kalme Stern und Mienchen, geb. Biermann
Ehepartner:	Fernande, geb. Sternberg
Kinder:	Rolf (1914), Heinz Sally (1922)
Wohnort:	Kaltenweide 3, Schulstrasse 72 in Elmshorn
Beruf:	Kaufmann (Papierhandel) (1)

Bild auf Gedenktafel in der Synagoge.
Foto: Rudolf Oppenheim. Privatarchiv
Kirschninck.

Siegmund Stern wurde am 15.9.1883 in Ockershausen b. Marburg, als Sohn des Viehhändlers Kalme Stern und Mienchen, geb. Biermann geboren. (2) Seit dem 21.11.1908 war er Mitglied im EMTV (Elmshorner-Männerturnverein). (3) Siegmund heiratete am 14.8.1913 in Elmshorn Fernande Sternberg, die Tochter von Kaufmann Adolf Sternberg und Mary, geb. Hirsch. (4) Er diente als Soldat im 1. Weltkrieg und stand auf der Gedenktafel in der Synagoge. (5) In den Jahren 1931 bis 1934 war er als Gemeindedeputierter im Gemeindevorstand. (6)

Siegmund Stern wohnte in der Kaltenweide 3 in Elmshorn. Sein Papierhandel-Geschäft befand sich in der Schulstraße 72. (7)

Am 15.September 1935 erließen die Nationalsozialisten die „Nürnberger Gesetze", das „Reichsbürgergesetz" und das „Gesetz zum Schutze des deutschen Blutes und der deutschen Ehre", kurz „Blutschutzgesetz" genannt.(8) Durch das „Reichsbürgergesetz" erfolgte eine Einteilung aller Deutschen in „Staatsangehörige" und „Reichsbürger". „Reichsbürger" konnte nur sein, wer „arischen Blutes" war und da nur er der Träger der politischen Rechte sein sollte, stellte das Gesetz eine Deklassierung der Juden dar.
Das „Gesetz zum Schutze des deutschen Blutes und der deutschen Ehre"(9) verbot die Eheschließung zwischen Juden und Nichtjuden und stellte sie unter schwere Bestrafung. Ebenso war der außereheliche Geschlechtsverkehr zwischen Angehörigen beider Gruppen verboten. Dieses Gesetz „legalisierte" nur die schon lange vorher geübte Praxis. Weiterhin bestimmte es, dass Juden weibliche Staatsangehörige „deutschen oder artverwandten Blutes" unter 45 Jahren nicht in ihrem Haushalt beschäftigen durften. Die „Nürnberger Gesetze" vollzogen die Trennung von Juden und Nichtjuden im privaten Bereich. Sie stempelten die jüdischen Mitbürger zu Personen minderen Rechts ab. (10)

In Elmshorn wurden daraufhin die christlichen Hausangestellten von den Juden entlassen. Die ehemaligen Hausangestellten verließen nur sehr ungern ihre jüdischen Arbeitgeber und stellten Anträge auf Weiterbeschäftigung, so auch im Falle der Familie Stern.

Langeloh d. 7.1.1936

Herrn Bürgermeister
Krummbek
Elmshorn.

Da ich bisher bei Frau Ihrn Kaltenweide
bei Stellung war, möchte ich bitten, mich in
Ihre Stellung zu lassen, da ich dort nur von
Morgens 7 Uhr bis Nachmittags 4 Uhr dort
beschäftig bin und zu ganze schlaf. Ich bitte
darum um Ihre gütige Erlaubnis, dort bleiben zu dürfen. Ihre werte Antwort zu
entgegensehend zeichnet.

Mit deutschen Gruß
Willi Langelohn
Langelohn bei Elmshorn
Kronswetter: Chaussee 14

Neben dieser Schikane gingen auch die Umsätze des Papierhandels von Sieg-
mund Stern immer mehr zurück. Siegmund hatte schon mehrere missglückte
Suizidversuche hinter sich. (11) Am 22.1.1936 erhängte er sich im Lager seines
Geschäftes.

Heinz Sally Stern erinnerte sich:
„Ich war an dem Tag beim 15. Geburtstag meines Vetters Rudolf Dieseldorff.
Ich habe schon etwas geahnt. Als meine Mutter mich abholte, fragte ich sie,

warum sie meinen Vater allein gelassen habe. Zurück im Geschäft fand ich meinen Vater erhängt vor. Meine Mutter war im Büro." (12)

Siegmund erhängte sich um 21.15 Uhr in seinem Büro. (13). Nach seinem Tod führte seine Frau Fernande Stern mit ihrem ältesten Sohn Rolf das Geschäft weiter. (14) Als Rolf Stern ein Jahr später in die USA emigrierte, heiratete die Witwe Fernande den Albert Dornhart (geb. 2.8.1886 in Bruschied), der den Betrieb in die Pleite führte. (15)

Der ältere Sohn Rolf Stern, geb. am 27.7.1914 in Elmshorn, wanderte schon am 8.1.1937 nach New York aus. (16)
In den USA heiratete er 1939 Judith Mayer aus Mannheim, eine Nichte des Elmshorner Kultusbeamten David Baum. (17)

Passbild von Rolf Stern. Ausschnitt aus Einbürgerungsantrag USA, a.a.O.

Fernande Dornhart, geboren am 10.12.1889 in Elmshorn, zog mit ihrem jüngsten Sohn Heinz Sally Stern, geboren am 11.12.1922, und ihrem zweiten Ehemann am 23.9.1937 nach Kirn in die Neue Straße. (20) Heinz musste daher die „Bismarckschule" Elmshorn in der Obertertia verlassen.

In Elmshorn hat er bis zu seiner Abreise keine persönlichen antisemitischen Angriffe erleiden müssen.

„Ich fragte den Lehrer, ob ich „Heil Hitler" sagen müsse. Er antwortete: Kannst „Guten Morgen" sagen."

Christliche Freunde hatte er in Elmshorn nicht. Seine Schulfreunde waren Walter Oppenheim und sein Vetter Rudolf Dieseldorff. (21)

Heinz fand für 3-4 Monate eine Aushilfsstelle bei einem Polsterer in Bad Kreuznach. Dieser verwahrte für emigrierende Juden Wertsachen in einem Versteck unter der Sitzfläche eines Sofas. Dieses wurde entdeckt oder verraten. Der Polsterer wurde zusammen mit seinen beiden Angestellten, darunter Heinz, verhaftet. Die beiden Angestellten wurden nach sechs Tagen wieder entlassen, da sie von dem Versteck nichts gewusst haben. (22) Zur Zeit des Novemberpogroms hielten sich die Dornharts mit Heinz Sally bei Alberts Schwester in Frankfurt auf. Am Frankfurter Bahnhof erkannte man sie als Juden und sie wurden verhaftet. Fernande und Heinz ließen die Nationalsozialisten gleich wieder frei, Albert Dornhart wurde sechs bis acht Wochen ins KZ Buchenwald überführt. Er kam frei, weil er ein ehemaliger Frontkämpfer war. (23)

Nach dem Pogrom kam Heinz für drei Monate zur Ausbildung für die Jugend-Alijah nach Rüdnitz, eine kleine Gemeinde im Landkreis Barnim in Brandenburg bei Berlin. Hier wurde er zum Landhelfer ausgebildet, bereit für die Emigration nach Palästina. (24) Als seine Ausbilder erfuhren, dass er statt nach Palästina in die USA auswandern wollte, sollte er nach Schweden verlegt werden. Seine Mutter und sein Stiefvater lebten zu dieser Zeit in Köln. Heinz verließ Rüdnitz und wollte in die USA emigrieren.
Sein Bruder Rolf hatte die Reisepapiere für Kuba bezahlt und Heinz sollte über Havanna in die USA reisen. In der Wartezeit wurde in den USA das Schicksal der vorausfahrenden „St. Louis" bekannt. Heinz war für das folgende Schiff gebucht. Dieses fuhr aber nicht. So hat Rolf 200 Dollar umsonst bezahlt. (25)

„Das Schicksal der 937 Passagiere des HAPAG Schiffes "St. Louis" verdeutlicht, unter welch schwierigen und unmenschlichen Bedingungen die Auswanderung zu dieser Zeit verlief: Die "St. Louis" verließ am 13. Mai 1939 den Hamburger Hafen mit Ziel Havanna. Die meisten Passagiere wollten in Kuba nur auf ihr amerikanisches Visum warten. Die Landungspermits für Kuba wurden überraschend von der kubanischen Einwanderungsbehörde für ungültig erklärt, jedoch war der HAPAG versichert worden, dass alle Passagiere in Kuba an Land gehen dürften. Diese Zusicherung wurde gebrochen, als das Schiff nach 14 Tagen Kuba erreichte. Wochenlang verhandelte das "American Joint Distribution Committee" mit der kubanischen Regierung, ohne Erfolg. Das Schiff musste die Rückreise nach Europa antreten und landete schließlich, dank des großen Einsatzes des Kapitäns, in Antwerpen." (26)

Im Februar 1940 startete Heinz den nächsten Versuch und fuhr mit 10 RM Reisegeld von Köln nach Genua:

„Als ich in Genua ankam, boten mir viele Italiener einen Platz zum Übernachten. Ich sagte immer, ich habe gar kein Geld. Sie antworteten, das macht nichts. Am nächsten Morgen verlangten sie dann plötzlich Geld. Als ich sagte, ich habe doch gar keins, sollte ich zur Jüdischen Gemeinde gehen, um Geld zu holen. Ich sollte den Bus nehmen. Da ich kein Geld hatte, bin ich von Haltestelle zu Haltestelle der Buslinie gelaufen, bis ich da war." (27)
Heinz emigrierte am 24. Februar 1940 mit dem Schiff „S.S. Washington" von Genua nach New York. (28)

Heinz Stern 2015. Foto Facebook-Profil von Harry (Heinz) Stern. https://www.facebook.com/harry.stern.56

Die „S.S. Washington" sollte das vorletzte Auswandererschiff sein, später fuhr nur noch die „S.S. Manhattan". Er hatte sich mit der vorletzten Möglichkeit gerettet. (29) In New York lebte Heinz zunächst bei seinem Bruder Rolf und seiner Frau. Dieser wohnte mittlerweile in einem großen Appartement und hatte neben Heinz auch seine Schwiegereltern und die drei Brüder seiner Frau aufgenommen. Mit seiner Schwägerin lief Heinz von Geschäft zu Geschäft, um eine Stelle zu finden. Er arbeitete zunächst als Dish washer (Spüler), später dann bei einem Schlachter 70 Stunden pro Woche für 10 Dollars plus Tipps von ungefähr 2 Dollar. Anschließend diente er in der US-Armee. Zuletzt war er über 30 Jahre als Schneider in einem Bekleidungsgeschäft angestellt. (30)

Mit Beginn seines Aufenthaltes in den USA änderte Heinz Sally seinen Vornamen in „Harry". 1960 heiratete er seine Frau Traute, mit der er 54 Jahre zusammen war. Sie starb im Oktober 2014. Beide haben zusammen drei Kinder. Vivian (Michela Vivian di Angeles) und die Zwillinge Aline und Howard. (31)

Seine Mutter Fernande war mit seinem Stiefvater zunächst in Köln zurückgeblieben. Sie wurden von Gertrud Oppenheim gerettet, indem sie ihnen die Papiere für Shanghai sandte. (32) In Shanghai arbeitete Fernande bei Gertrud Oppenheim, die mit anderen jüdischen Emigranten ein deutsches Speiserestaurant eröffnet hatte. Nach dem die Familie Oppenheim in die USA gezogen war, nahm Fernande eine Stelle als Putzfrau bei einem Chinesen an. Albert Dornhart hat in Shanghai nicht gearbeitet. (33) Am 9. Januar 1947 emigrierten die Dornharts mit der „General William H Gordon" von Shanghai in die USA nach New York. (34) Hier arbeitete Albert im gleichen Geschäft wie Rolf Stern. (35) Im September 1967 starb Albert an Krebs. (36) Fernande starb im September 1989 im Alter von 100 Jahren. (37) Die Geschwister von Fernande Stern haben es nicht geschafft. (38)

Heinz Sally (heute Harry) Stern am 20.11.2015 mit seinen Enkeln Jessica und Jeffrey am Gedenkstein der Elmshorner Synagoge. Foto: © Privatarchiv Harald Kirschninck

Anmerkungen:

1) Kennkarte, Personendatei Kirschninck
2) Ebenda
3) Personendatei Kirschninck
4) Personendatei Kirschninck, geni.com, Kennkarte Fernande
5)
6) Privatarchiv Kirschninck, Israelitischer Kalender, a.a.O.
7) Adressbuch Elmshorn
8) RGBl 1935, I, S.1146 ff
9) Ebenda
10) vgl. Kirschninck, Harald: Die Geschichte der Juden in Elmshorn. 1918-1943.Bd 2 S. 82ff, a.a.O.
11) Aussage Heinz Sally Stern, Interview mit Kirschninck vom 20.11.2015
12) Ebenda
13) Beerdigungsschein Stadtarchiv A110/1-4, Aussage Heinz Sally (Harry) Stern im Interview mit Kirschninck vom 20.11.2015
14) Aussage Heinz Sally Stern, Interview mit Kirschninck vom 20.11.2015
15) Ebenda
16) Stadtarchiv Elmshorn, A119/40-11; The National Archives and Records Administration; Washington, D.C.; *Petitions for Naturalization from the U.S. District Court for the Southern District of New York, 1897-1944*; Series:

M1972; Roll: *1422* Source Information: Ancestry.com. **New York, Naturalization Records, 1882-1944** [database on-line]. Provo, UT, USA: Ancestry.com Operations, Inc., 2012. This collection was indexed by Ancestry World Archives Project contributors. ; Gestapoliste zeigt als Auswanderungsdatum 14.1.1937

17) Posner nach Mitteilung von David Baum 1951, a.a.O.

18) Privatarchiv Kirschninck, Aussage Stern im Interview mit Kirschninck am 20.11.2015

19) Number: *114-05-1316*; Issue State: **New York**; Issue Date: **Before 1951** Ancestry.com. **U.S., Social Security Death Index, 1935-2014** [database on-line]. Provo, UT, USA: Ancestry.com Operations Inc, 2011.

20) Einwohnermeldeamt Elmshorn

21) Aussage Heinz Sally Stern, Interview mit Kirschninck vom 20.11.2015

22) Ebenda

23) Ebenda

24) Ebenda; zu Alijah und Havaara-Abkommen vgl. Kirschninck, Harald: Die Geschichte der Juden in Elmshorn. 1918-1943.Bd 2, S. 174ff

25) Aussage Heinz Sally Stern, Interview mit Kirschninck vom 20.11.2015

26) http://www.hamburg.de/ballinstadt/280324/flucht-und-vertreibung-1933-1941/

27) Aussage Heinz Sally Stern, Interview mit Kirschninck vom 20.11.2015

28) Year: *1940*; Arrival: **New York, New York**; Microfilm Serial: *T715, 1897-1957*; Microfilm Roll: *Roll 6448*; Line: *9*; Page Number: *19* Ancestry.com. **New York, Passenger Lists, 1820-1957** [database on-line]. Provo, UT, USA: Ancestry.com Operations, Inc., 2010. Original data: **Passenger Lists of Vessels Arriving at New York, New York, 1820-1897.** Microfilm Publication M237, 675 rolls. NAI: 6256867. Records of the U.S. Customs Service, Record Group 36. National Archives at Washington, D.C. **Passenger and Crew Lists of Vessels Arriving at New York, New York, 1897-1957.** Microfilm Publication T715, 8892 rolls. NAI: 300346. Records of the Immigration and Naturalization Service; National Archives at Washington, D.C.

29) Aussage Heinz Sally Stern, Interview mit Kirschninck vom 20.11.2015

30) Ebenda

31) Ebenda

32) Gertrud Oppenheim im Brief an Christian Rostock vom 8.2.76

33) Aussage Heinz Sally Stern, Interview mit Kirschninck vom 20.11.2015

34) Ancestry.com. **California, Passenger and Crew Lists, 1882-1959** [database on-line]. Provo, UT, USA: Ancestry.com Operations Inc, 2008. Original data: **Selected Passenger and Crew Lists and Manifests**. National Archives, Washington, D.C.

35)   Aussage Heinz Sally Stern, Interview mit Kirschninck vom 20.11.2015

36)   Number: *065-24-7233*; Issue State: *New York*; Issue Date: *Before 1951.*Ancestry.com. *U.S., Social Security Death Index, 1935-2014* [database on-line]. Provo, UT, USA: Ancestry.com Operations Inc, 2011. Original data: Social Security Administration. *Social Security Death Index, Master File*. Social Security Administration.

37)   Number: *065-24-7371*; Issue State: *New York*; Issue Date: *Before 1951.*Ancestry.com. *U.S., Social Security Death Index, 1935-2014* [database on-line]. Provo, UT, USA: Ancestry.com Operations Inc, 2011. Original data: Social Security Administration. *Social Security Death Index, Master File*. Social Security Administration.

38)   Gertrud Oppenheim im Brief an Christian Rostock vom 8.2.76

Rückseite (Foto: Bert Sommer)

Name:	Julius Hasenberg
Jüd. Name:	Jona Hakohen
Geboren:	4.8.1859 in Friedrichstadt
Gestorben:	2.7.1937 in Elmshorn
Eltern:	Handelsmann Mendel Hasenberg und Sarchen (Sara), geb. Juda
Ehepartner:	Henni(y) Hasenberg, geb. Lippstadt
Kinder:	William (Willi) (1891), John (1892), Anni (1893), Richard (1895), Otto (1895), Max (1896), Karl (1898), Margarete (1900), Herta (1903)
Wohnort:	Kirchenstraße 40 in Elmshorn
	22.6.36 verzogen in die Klosterallee 2, Hamburg,
Beruf:	Kaufmann, Banker, Immobilienmakler (1)

Julius und Henny Hasenberg.
Privatbesitz Irene Butter-

Wohnhaus Kirchenstrasse 40 in Elmshorn.
Foto aus: Gegen das Vergessen, a.a.O., S.26

Julius Hasenberg wurde am 4.8.1859 in Friedrichstadt als Sohn von Mendel Hasenberg (geb. am 22.6.1828 in Friedrichstadt an der Eider, gest. am 16.6.1897) und Sarah Juda (geb. am 30.4.1829 in Friedrichstadt, gest. am 18.5.1896) geboren. Seine Eltern hatten drei Kinder, zwei Söhne und eine Tochter. (2) Am 5.8.1890 heiratete er in Elmshorn Henny Lippstadt, Tochter von Kallmann und Auguste Lippstadt. (3) 1895 zog Julius mit seiner Frau und seinen Kindern in die Kirchenstraße 40 nach Elmshorn. Familie Hasenberg bekam neun Kinder:
William (Willi) (1891), John (1892), Anni (1893), Richard (1895), Otto (1895), Max (1896), Karl (1898), Margarete (1900) und Herta (1903). (4)

Julius Hasenberg engagierte sich stark in der Elmshorner Jüdischen Gemeinde und in anderen Vereinen. So war er 1905 und 1924 bis 1936 im Vorstand, 1929 bis 1936 im Schulausschuss. (5)

1905 muss er sich im Vorstand mit den anderen Vorstandsmitgliedern überworfen haben, denn er bat zusammen mit Hugo Hertz um Rücktritt von seinem Posten.

„Von Herren Julius Hasenberg und Hugo Hertz sind Briefe eingegangen, worin die Herren die Mittheilung machen, ihr Amt niederlegen zu wollen. Beide Briefe konnten nicht berücksichtigt werden, weil sie nicht in Form von Anträgen eingegangen sind." (6)

Seit dem 31.10.1901 war er Mitglied im „Elmshorner-Männerturnverein" (EMTV) und wurde ein Ehrenförderer des Vereins. (7) Daneben war er noch im Roten Kreuz und in der Arbeiterwohlfahrt tätig gewesen.(8)

Von Beruf war Julius Hasenberg zunächst Kaufmann und Bankier, später dann Immobilienmakler. Mit seinen Söhnen besaß er die „Julius Hasenberg Söhne KGaA" (9) in Hamburg.

Am 14.5.1933 verstarb seine Frau Henny Hasenberg in Elmshorn. (10) Mitte des Jahres 1936 zog Julius Hasenberg nach Hamburg. Er trat am 30.7.1936 in die dortige jüdische Gemeinde ein. (11) Nur ein knappes Jahr später verstarb Julius am 2.7.1937 mit fast 78 Jahren in Hamburg. (12)

Max

Julius Hasenberg mit Söhne   John   Otto Willi

Richard

Karl

Julius Hasenberg und seine Söhne. Foto: Privatbesitz Irene Butter-Hasenberg

Julius erster Sohn William Hasenberg, genannt Willi, wurde am 26.9.1891 in
Neumünster geboren. Mit seinen Eltern kam er 1895 nach Elmshorn in die Kirchenstraße 40. Er besuchte von 1902 (VI) – 1904 (V) die „Bismarckschule".
(13) Von Beruf war er Kaufmann (Baumwollwarenhändler) (14) Seit dem
1.1.1913 wurde er zu den Gemeindeabgaben herangezogen, geschätzt auf ein
jährliches Einkommen von 1000 Mark. (15)
Willi war Teilnehmer am 1. Weltkrieg und bekam 1917 das Verdienstkreuz für
Kriegshilfe. (16) Nach dem Krieg zog Willi nach Hamburg. Er heiratete Toni

Heilbrun (geb. 22.3.1892 als Tochter von Fritz Heilbrun) und sie bekamen die Kinder Lieselotte (geb. 15.3.1920 in Hamburg) und Gatt (geb. 8.4.1925 in Hamburg). (17) Willis Beitritt zur jüdischen Gemeinde Hamburg fand am 13.1.1922 statt. Er schied wegen Auswanderung nach Chile im Juni 1939 wieder aus. (18) Nach seiner Auswanderung lebte Willi in Chile bis zu seinem Tode 1942 in Santiago de Chile. (20) Seine Frau Toni zog später in die USA und verstarb am 27.9.1989 in Los Angeles (California). (21)

John Hasenberg war das zweite von neun Kindern der Hasenbergs. Er wurde am 2. Oktober 1892 in Neumünster geboren. Mit seinen Eltern zog er 1895 nach Elmshorn und besuchte hier von 1902 bis 1909 die „Bismarckschule" und schloss diese mit dem Abschluss des Realgymnasiums ab. (22)

John Hasenberg, Privatarchiv Irene Butter-Hasenberg

Die Eltern John und Gertrude Hasenberg, 1926 oder 1927 bei einem Spaziergang in Cannes. Privatarchiv Butter-Hasenberg

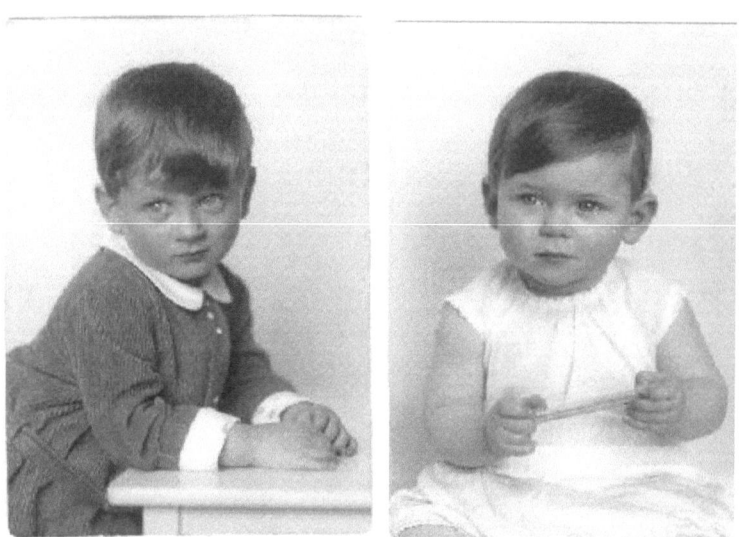

Werner und Irene Hasenberg im Alter von ca. 3 und ca. 1 Jahr. Privatarchiv Irene Butter-Hasenberg

John nahm am 1.Weltkrieg bei der Feldartillerie teil, wurde schwer verwundet (kriegsversehrt) und erhielt 1917 das „Eiserne Kreuz II. Klasse" verliehen. (23) Sein Name stand auf der Gedenktafel in der Synagoge. (24) John gehörte dem Reformjudaismus an. Er führte keinen koscheren Haushalt, feierte aber alle jüdischen Feste. (25)

Im Jahre 1922 zog er nach Hamburg, wo er als Kaufmann in der Bank von Willi Seligmann am Gänsemarkt 35 arbeitete und zuerst in der Hammer Straße 27, dann am Schwanenwik 29 wohnte. Am 8.1.1922 tritt er der jüdischen Gemeinde in Hamburg bei, scheidet wegen Umzugs nach Berlin 1927 wieder aus. (26) Hier heiratete er Gertrud (geb. Mayer), geboren am 28. Oktober 1903 in Berlin, und bekam zwei Kinder mit ihr. Sein Sohn wurde 1928 geboren und seine Tochter Irene kam 1930 zur Welt. (27)

„Julus Mayer war bis zu seiner Enteignung durch die Nazibehörden Besitzer der Berliner Julmay Bank. Auch sein Schwiegersohn John Hasenberg war dort beschäftigt. Die ganze Familie wohnte mit drei Generationen in einer großen (also ebenfalls noch nicht geteilten) Wohnung. Die Kinder hatten ein besonders enges Verhältnis zu ihren liebevollen und warmherzigen Großeltern, von denen sie sich trennen mussten, als es John Hasenberg und seiner Frau 1937 gelang, mit den Kindern nach Amsterdam auszuwandern..." (28)

„Zwei Jahre nach der Proklamation der „Nürnberger Rassengesetze" bekam John Hasenberg die Möglichkeit, Deutschland zu verlassen. Die Firma „American Express" hatte ihm zwei Alternativen geboten: einen Job in Curacao oder in Amsterdam. Mit seiner Frau, seinem neunjährigen Sohn und seiner siebenjährigen Tochter zog John Hasenberg im Jahr 1937 von Berlin nach Amsterdam, um der Verfolgung durch die Nationalsozialisten zu entgehen. Als die Nazis im Jahr 1940 in die Niederlande einmarschierten, wurde auch hier das Leben der Familie erheblich erschwert. Die Benutzung der Straßenbahn war der banale Grund für die erste Inhaftierung der kompletten Familie Hasenberg, aber vorerst hatte sie Glück. Ohne Begründung wurde die Familie wieder freigelassen. Was blieb, war die Angst. Weil es „American Express" verboten wurde, Juden zu beschäftigen, verlor John seine Arbeit und arbeitete nun für den "Joodsraad"(Judenrat), eine von den Nazis eingerichtete Organisation. Seine Aufgabe war es, den durch plötzliche Razzien deportierten Juden ihr Gepäck in die Sammellager nachzuschicken. John hatte die Erlaubnis, mit einem Team in die Wohnungen der deportierten Juden einzudringen und die benötigten Gepäckstücke zu beschaffen.

Irene Hasenberg sagte in einem Interview im Jahr 1986, dass ihr Vater gehofft hatte, mit der Mitarbeit beim "Joodsraad" anderen Juden zu helfen. Wie so oft zögerte die Mitarbeit im „Joodsraad" die Deportation nur hinaus, anstatt sie zu verhindern. Am 23. Juni 1943 kreiste die SS auch das Wohnviertel der Hasenbergs ein. Irene Hasenberg erinnerte sich, dass es ungefähr um 10 Uhr morgens an einem ungewöhnlich heißen Tag gewesen sein muss, als die SS auch an ihre Tür klopfte. Der Familie Hasenberg war es noch erlaubt, ein wenig Proviant und anderes Gepäck mitzunehmen, dann wurde sie mit anderen Juden zu Sammelplätzen getrieben und in Güterwaggons gepfercht. Die Erfahrung, mit zirka 60 anderen Menschen den ganzen Tag in einem Güterwaggon gefangen zu sein, beschreibt Irene Hasenberg als grausam. Am 23.Juni 1943 erreichte der Zug dann seine Endstation, das Sammellager Westerbork, wo die Familie acht Monate verbringen musste.

Noch in Amsterdam hatte John über einen Freund von einem Schweden erfahren, der gefälschte Pässe beschaffen konnte. Auf Johns briefliche Anfrage erhielt die Familie Hasenberg nun aus Schweden vier ecuadorianische Pässe. Wie diese Pässe ihren Weg von Schweden über Amsterdam bis nach Westerbork gefunden haben, konnte niemand erklären. Fest stand aber, dass die Pässe den Status der Familie Hasenberg entscheidend veränderten.

War ursprünglich die Deportation der Hasenbergs nach Auschwitz vorgesehen, so bewirkte der Nachweis einer nichtdeutschen Staatsbürgerschaft die Streichung der Familie von derTransportliste. Am 16.Februar 1944 erfolgte die Deportation in das Konzentrationslager Bergen-Belsen, wo Irene Hasenberg auch Anne Frank kennenlernte.

Die Situation in Bergen-Belsen war wegen der Größe des Camps und der Menge an Menschen, die auf noch kleinerem Raum zusammengepfercht waren, schlimmer als in Westerbork. Mangelernährung, harte Arbeit und, im Falle von John Hasenberg, Prügelstrafen, schwächten besonders Hasenberg und seine Frau. Doch trotzdem erlangte die Familie Hasenberg aufgrund eines glücklichen Zufalls schließlich die Freiheit. Bei einem Gefangenenaustausch zwischen Amerikanern und Deutschen waren auf deutscher Seite nicht genügend Amerikaner für den Austausch vorhanden.

Deswegen wählten die Nazis Häftlinge nichtdeutscher Nationalitäten aus, um die geforderte Anzahl zu erreichen. Wegen ihrer gefälschten Pässe gehörten die Hasenbergs zu den glücklichen Auserwählten, die den Zug Richtung Schweiz besteigen durften. Trotz des unglaublichen Glücks war es für John Hasenberg schon zu spät. Seine letzte Prügelstrafe hatte ihm bei seiner sowieso schlechten körperlichen Verfassung die letzten Kräfte geraubt. Er starb auf dem Weg in die Freiheit am 23. Januar 1945 bei Laubheim. Seine Familie zog weiter nach Amerika." (29)

Die Tochter von John, Irene Butter-Hasenberg erzählte über die Auswanderung, die Deportation und den Tod ihres Vaters (30):

„Während des Ersten Weltkrieges war mein Vater Soldat in der deutschen Armee und erhielt das Eiserne Kreuz. Meine Eltern und Großeltern sahen sich in erster Linie als deutsche Staatsbürger. Ihre jüdische Identität war zweitrangig. Mein Großvater besaß eine Bank in Berlin, mit meinem Vater als Partner. Ich habe einen Bruder, und er ist zwei Jahre älter als ich. Wir lebten zusammen mit meinen Großeltern in einer großen Wohnung in einer sehr schönen Gegend in Berlin. Gewöhnlich feierten wir die jüdischen Feiertage mit einer Reihe von Verwandten, welche auch in Berlin wohnten. Die Erinnerungen an meine Kindheit waren sehr positiv und unbeschwert. In den frühen 1930er Jahren, als der Nationalsozialismus an die Macht kam und sich die Bedingungen für die Juden in Deutschland änderten, brach eine neue Zeit an für uns. Mein Vater sah die Schmierereien an den Wänden unserer Schaufenster und beschloss, das Hitler-Regime zu verlassen. Er machte Pläne für uns, aus Deutschland zu entkommen.
Im Jahre 1937 reiste mein Vater nach Holland, dort bekam er gleich eine Anstellung bei der „American Express Company" in Amsterdam. Es war geplant, dass wir ihm ein paar Monate darauf folgten. Mit großer Trauer haben wir uns von den Großeltern und anderen Verwandten und vielen Freunden verabschiedet. Am Ende des Jahres 1937 zogen meine Mutter, mein Bruder und ich zu meinem Vater nach Amsterdam. Die Jahre in Amsterdam von 1937-1940 waren relativ ruhig und friedlich, trotz eines Rückgangs in unserem Lebensstandard, wir durften nicht unser gesamtes Vermögen mitnehmen.
Mein Bruder und ich kamen in eine neue Schule, wir lernten die niederländische Sprache recht schnell. Es dauerte nicht lange und wir lernten auch die holländische Landschaft, Leute und die Kultur lieben. Ich habe meine Vorliebe

für das niederländische mein ganzes Leben lang beibehalten. Was dann geschah, war völlig unerwartet – denn die Nazis überfielen Holland im Mai 1940. Der Kampf dauerte nur wenige Tage, wir wurden Zeugen der Bombardierung. Abstürzende Flugzeuge und marschierende Soldaten erschütterten die Fenster. Die rasche Umwandlung von Holland in ein von den Nazis besetztes Land. In den Jahren von 1940 bis 1943 erfuhren wir zahlreiche einschneidende Veränderungen, einschließlich der vielen Einschränkungen, die speziell für die jüdische Bevölkerung verhängt wurden. Wir wurden von den Kinos, Theatern, Parks, Restaurants, Schwimmbädern und allen Formen von öffentlichen Verkehrsmitteln ausgeschlossen. Auch unsere Fahrräder mussten wir abgeben. Wir durften nicht mehr in die Häuser von Nicht-Juden ….

Jüdische Kinder wurden aus den öffentlichen Schulen vertrieben und mussten jüdische Schulen besuchen. Alle Juden wurden Ausgangssperren unterworfen. Schließlich mussten Juden den Judenstern auf ihrer Kleidung tragen, so dass sie leicht identifiziert werden konnten. Diese Einschränkungen, obwohl sie erhebliche Härten darstellten, und uns manchmal das Leben sehr schwer machten, waren im Vergleich zu den Deportationen mild. Zu Beginn erhielten Juden Mitteilungen, dass sie sich für den Transport zum Lager bereit zu halten haben. Viele jüdische Familien wurden aus ihren Häusern verschleppt oder auf den Straßen oder ihren Arbeitsplätzen verhaftet.

Die Abschiebung markiert einen Zeitraum von großer Angst, Trauer und Unsicherheit. Meine Familie war sehr verängstigt, da wir viele unserer Freunde, Nachbarn und Verwandten verschwinden sahen. Einige konnten sich verstecken, aber die meisten wurden deportiert und in deutsche Konzentrationslager verschleppt. Wir fühlten eine große Sorge für das Leben der Deportierten und die Unsicherheit stand über allem anderen. Wir hatten große Probleme, Nahrung für die nächste Mahlzeit zu kaufen. Unsere Straße kam im Juni 1943 dran. Die Nazis verschleppten unsere gesamte Nachbarschaft ins Lager, die stark mit Juden besiedelt war. Die Schergen gingen von Haus zu Haus, um nach jüdischen Einwohnern zu suchen. Als sie in unsere Wohnung kamen, hatten wir zehn Minuten Zeit, um unsere Sachen zu packen. Wir konnten nur das mitnehmen, was in unsere Rucksäcke passte. An einem sehr heißen Tag mussten wir zu dem großen Quartier marschieren, wo alle für den Abtransport bestimmten Juden versammelt waren. Nach einer langen Wartezeit in der prallen Sonne wurden wir auf einen Lastwagen verladen, der uns zum Bahnhof transportierte. Hier stand ein langer Zug mit Viehwaggons. Jeder Viehwaggon wurde mit mindestens vierzig bis sechzig Personen beladen. Wir waren, ohne Wasser oder frische Luft, für die nächsten acht bis zehn Stunden eingesperrt. Wir kamen spät nachts im Lager Westerbork, einem deutschen Konzentrationslager im östlichen Teil der Niederlande, an. (31)

Lageplan Konzentrationslager Westerbork. Foto: Wikipedia.

Für die nächsten acht Monate lebten meine Familie und ich im KZ-Westerbork. Das Lager lag auf beiden Seiten einer Eisenbahnlinie, umgeben von mehreren Lagen Stacheldraht. Wir waren in Baracken untergebracht. Es standen dreistufige Etagenbetten mit Strohsäcken zur Verfügung. Der einzige Extraplatz für jede Person war ein Drittel des Bodens unter dem Bett. Die Baracken waren überfüllt und dreckig, wie auch die öffentlichen Waschräume und Nebengebäude. Das Angebot an Essen war begrenzt. Gelegentlich erhielten wir Care-Pakete von Freunden oder Verwandten, die noch frei waren. Aufgrund der ständigen Entbehrungen und dem langen Anstehen für Nahrung kam es zu ständigen Auseinandersetzungen und Kämpfen zwischen den Lagerinsassen. Erwachsene wurden auf eine Vielzahl von verschiedenen Arbeitsplätzen im Lager aufgeteilt.

Als Zwölfjährige wurde ich nicht zur Arbeit verpflichtet. Es gab auch keinen

Unterricht. Ohne Bücher, Spielzeug, Spiele, Stifte und Papier oder auch jede Art von organisierten Aktivitäten, litten die meisten Kinder in meinem Alter auch an Langeweile. Aber schmerzhafter als Langeweile war die unerbittliche Angst vor der Abschiebung zu einem der Todeslager in Polen.

Das KZ-Westerbork war ein Durchgangslager. Jeden Samstag nachmittag ist ein langer leerer Zug mit Viehwaggons aus Polen eingetroffen. Der Zug erstreckte sich über die gesamte Länge des Lagers und blieb den Rest des Samstages, den ganzen Sonntag und Montag im Lager. Jeden Montag um Mitternacht gingen die Lichter auf dem gesamten Gelände an. Jeder war erschrocken als die Baracken-Führer die Namen derer vorlasen, die an diesem Abend nach Auschwitz oder anderen Vernichtungslagern in Polen geschickt wurden. Wir hofften immer unsere Namen nicht zu hören. Wenn wir Glück hatten, nicht auf der Liste zu sein, besuchten wir die Freunde und Verwandten im Lager, um herauszufinden, wer in dieser Nacht in die Vernichtungslager geschickt wurde. Wir hatten immer den Rest der Nacht mit unseren Lieben verbracht, ihnen geholfen zu packen und mit ihnen einen herzzerreißenden Abschied erlebt. Jeder war in ständiger Angst, dass die Woche kommen würde, wenn wir gezwungen wären, in die Viehwagen zu steigen. Meine Familie wurde vor diesem Schicksal wie durch ein Wunder verschont.

Vor unserer Abschiebung traf mein Vater in Amsterdam einen Freund, der gerade ecuadorianische Pässe für sich und seine Frau erhalten hatte, mit Hilfe eines Bekannten aus Schweden. Meinem Vater wurde geraten, den Mann in Schweden zu schreiben und Passfotos von uns vier, sowie die Termine und Orte der Geburt zu übermitteln. Ein paar Monate später, nachdem wir bereits deportiert worden sind, wurden die ecuadorianische Pässe an unsere Heimat-Adresse in Amsterdam geschickt. Die Pässe wurden dann an das Lager nach Westerbork weitergeschickt. Obwohl die Deutschen sicherlich gewusst haben, dass unsere Pässe gefälschte Dokumente waren, schützten uns diese Papiere vor dem Transport in ein Vernichtungslager. Erst viel später erfuhren wir, dass das deutsche Außenministerium einen Plan hatte, um den Austausch von Juden mit nord- und südamerikanischer Staatsbürgerschaft oder Pässen gegen deutsche internierte Staatsbürger in alliierten Ländern vorzubereiten. Diese Austauschpolitik der deutschen Regierung und die Ankunft unserer ecuadorianischen Pässe aus Schweden führten zu der nächsten Phase unserer Deportation.

Im Januar 1945, ca. 11 Monate nach unserer Ankunft in Bergen-Belsen (32), waren alle Insassen mit amerikanischen und südamerikanischen Pässen aufgefordert worden, sich beim Lagerarzt zu melden. Es wurde ein Bericht für die Aufnahme in ein Austauschprogramm erstellt. Meine beiden Eltern waren in einem sehr schlechten Gesundheitszustand. Wie und warum meine Familie zu den dreihundert Menschen gewählt wurden, die für deutsche Staatsbürger ausgetauscht werden sollten, bleibt ein Rätsel. Nur eine kleine Zahl von Häftlingen mit amerikanischen Pässen waren in den Austausch einbezogen, weshalb es für uns ein unglaubliches Glück war, uns in dieser Gruppe zu finden. Aber das ersehnte Glück, erwies sich nur als ein teilweiser Segen. Die Not und das Leiden im Konzentrationslager führte zum Tod meines Vaters. Er war während unserer zweiten Nacht der Abreise aus dem Lager verstorben. Er starb kurz bevor der Zug in Biberach gehalten hatte. Er war der erste von fünf oder sechs Todesfällen, die im Zug verstarben, bevor sie ihren endgültigen Bestimmungsort in der Schweiz erreichten. Der Zug hatte im der Biberacher Bahnhof einigen Stunden gehalten, es sollten vierzig Leute aus dem Lager Lindele, getauscht werden. Die Leiche meines Vaters war auf einer Bank im Bahnhof links abgelegt worden ... Mein Vater wurde in Biberach auf dem evangelischen Friedhof begraben. Etwa ein Jahr später wurde sterblichen Überreste auf dem jüdischen Friedhof in Laupheim nach dem Ende des Krieges umgebettet...Der Zustand meiner Mutter hatte sich verschlechtert, sie kam sofort nach der Ankunft in der Schweiz ins Krankenhaus in St. Gallen. Mein Bruder wurde auch stationär aufgenommen. Ich war ein vierzehn Jahre altes Mädchen, das gerade ihren Vater verloren hatte, und dessen Mutter in einem äußerst kritischen Zustand in ein Krankenhaus eingeliefert wurde, doch die Schweizer erlaubte mir nicht in der Schweiz bleiben.

Grabinschrift:

Hier ist begraben
Jehuda, Sohn des Jona Hakohen,
ein redlicher und geehrter Mann.
Er war leiderfahren und litt Qualen
und starb unter Qualen auf dem Weg
zur Heilung des (göttlichen) Namens
durch das Reich des Bösen,
Deutschland, mögen ihre Namen ausge-
löscht werden.
Sei seine Seele eingebunden in das Bündel
des Lebens

Foto: Laupheimer Fotokreis e.V.

oben: Grabstein John Hasenberg in Laupheim,
Foto: Schick, Michael: Erinnerung an den Zug,
der in die Freiheit fuhr. Die Geschichte und das
Schicksal der Familie Hasenberg.
http://www.ggg-
lauphe-
im.de/Berichte%20von%20Mitgl/100%20Hasen
berg%20HP/100%20Hasenberg.html
oben: Übersetzung Steinheim Institut

Irene Butter 1945 als 15-jährige,kurz
nach ihrer Ankunft in den USA. Privatarchiv Irene Butter-Hasenberg

Die Deutschen hatten es nie geschafft, unsere Familie zu trennen, nicht in beiden Konzentrationslagern. Die Schweizer schafften es! Sie steckten mich in ei-

nen Zug nach Marseille, wo ich an Bord eines Schiffes nach Algerien gehen sollte. Ich war im UNRRA-(United Nations Relief and Rehabilitation Administration) Lager für Displaced Persons (33) in der Nähe der Stadt Phillipeville in Frankreich. (34) Ich kam nach Phillipeville Ende Januar 1945, rund vier Monate vor dem Ende des Krieges. Mindestens zwei Monate vergingen, ehe ich herausfand, dass meine Mutter noch lebte und dass sie sich erholt hatte. Ich kann nicht genug betonen, welche Erleichterung ich bei dieser Nachricht empfunden hatte.

In dem UNRRA-Lager gab es nur ein anderes Kind, ein junger polnischer Junge, ohne Familie. Alle anderen Kinder lebten mit einem oder zwei überlebenden Eltern. Ich fühlte mich oft einsam und isoliert. In diesem Lager war das Essen reichlich und am Anfang haben wir uns vollgefressen egal, wie eintönig die Mahlzeiten waren, die angeboten wurden ...

Es war eine Freude, nicht an Hunger zu leiden. Eine starke Bindung zwischen den jungen Leuten in meiner Altersgruppe entwickelte sich. Wir verbrachten die meiste Zeit zusammen, studierten Französisch und Englisch, lernten, schwammen im Meer, wanderten und nahmen Kontakt auf mit Verwandten auf der ganzen Welt.

Es vergingen eineinhalb Jahre, bevor ich meine Mutter und meinen Bruder in den Vereinigten Staaten wieder traf. Die Verwandten taten alles, um uns dabei zu helfen, nach Amerika auszuwandern. Ich war die erste, die im Dezember 1945 ankommen war. Ich lebte mit den Cousins meiner Mutter, die ich nie zuvor getroffen hatte. Sie begrüßten mich in ihrer Familie und waren wie Eltern für mich. Meine Mutter und mein Bruder folgten im Sommer 1946. Zuerst lebten wir in angemieteten Räumen im Wohnungsnot geplagten New York City. Im Jahr 1949 hatte schließlich von uns jeder eine eigene Wohnung. " (35)

Bei einem Vortrag 2014 vor 400 Schülern in Laupheim erzählte Irene Butter-Hasenberg die Geschichte von einer Begegnung mit Anne Frank in dem Lager Bergen-Belsen (36):

„Irgendwann mussten wir nach Bergen-Belsen", erinnert sich Irene Butter. „Es hieß, dass dort alles besser werden würde. Was aber natürlich nicht der Fall war." Für ihre Eltern und ihren Bruder waren es lange und schwere Arbeitstage, die bis zu zwölf Stunden dauerten. Immer auf der Hut vor möglichen Schlägen, die es oft gab. Zu essen bekamen die Menschen nur ein Minimum. Mal ein Stück Brot, mal etwas Wasser mit Kohl. „Das nannten sie Suppe", erzählt Irene Butter. Mit ihren zwölf Jahren musste die kleine Irene zwar nicht so schwer schuften wie die anderen, dennoch hatte sie ihre Aufgaben zu erfüllen. „Ich musste die Baracken sauber machen und auf Kinder aufpassen", erzählt sie. „Aber ich war auch für das Wäsche waschen verantwortlich. Und das ohne warmes Wasser und ohne Seife." Beim Trocknen musste sie neben der Leine sitzen. „Hätte man die Wäsche aus den Augen gelassen, wäre sie gestohlen worden." (37)

Irene Butter erinnert sich an ein Erlebnis mit Anne Frank, die von Auschwitz nach Bergen-Belsen kam: „Anne fragte mich und andere Mädchen, ob wir ihr Kleider besorgen und über den Stacheldraht werfen könnten, durch den wir getrennt waren. Wir haben welche besorgt und sind nachts zu ihr. Das alles musste in der Dunkelheit passieren, damit uns die Wärter nicht erwischen. Anne hatte ihre Brille aber nicht mehr. Sie hat nicht gesehen, wohin die Kleider gefallen sind. Eine andere Frau hat sie aufgesammelt und ist mit der Kleidung einfach weggelaufen." (38)

Für John Hasenberg wurden Stolpersteine in Elmshorn in der Kirchenstraße 40 und in Hamburg an der Schwanenwyk 29 verlegt.

Stolperstein John Hasenberg. Kirchenstrasse 40. ©Harald Kirschninck

Anni Hasenberg war das dritte Kind von Julius und Henny Hasenberg. Sie wurde am 22.12.1893 in Neumünster geboren und zog mit ihren Eltern 1895 nach Elmshorn in die Kirchenstraße 49. Sie heiratete am 28.12.1919 in Elmshorn den Bücher-Revisor Moritz Martin Pruess (39) und beide wohnten seit der Hochzeit in Berlin. Sie wanderten in den 30iger Jahren nach Chile aus. (40) Hier verstarb sie 1978. (41)

Otto Hasenberg war das vierte Kind der Hasenbergs. Er wurde am 14. Januar 1895 geboren. (42) Otto war Mitglied im „EMTV". (43) Am 1. Weltkrieg nahm er von 1915 bis zum 20.12.1918 als Musketier teil, kämpfte in Frankreich und Russland und bekam dafür 1917 das Eiserne Kreuz II. Klasse. (44) In den 20iger Jahren zog er nach Hamburg. Er war Immobilienmakler und lebte in der Schlankreye 36. (45) Im Jahr 1923 heiratete er Martha Mayer, geb. am 11.7.1896 in Obermoschel, und sie bekamen die Tochter Ruth, geb. am 27.3.1924 in Hamburg. (46) Otto gelang mit seiner Familie die Flucht nach Shanghai. Am 27.3.1941 wanderten sie mit dem Schiff „MS Hikawa Maru" über Seattle in die USA ein. (47) Hier lebten sie in San Franzisco. Aus der Jüdischen Gemeinde in Hamburg ist er erst am 17.4.1941 ausgeschieden, mit der Begründung, weil er seit dem 27.3.1941 in den USA lebte. (48) Otto starb am 4.1.1963 in San Franzisco (49), seine Frau Martha im März 1980. (50)

Die Schwestern Hasenberg: Anni, Herta, Grete.
Foto: Privatbesitz Bert Hillebrand und Irene Butter-Hasenberg

Richard Hasenberg. Foto: Unbekannt

Richard Hasenberg wurde am 27.6.1895 in Neumünster geboren. (51) Er war ebenfalls Teilnehmer am 1. Weltkrieg und wurde auf der Gedenktafel in der Synagoge abgebildet. (52) In Elmshorn war er von Beruf Handlungsgehilfe. (53) Richard heiratete Annemarie, geb. Löwenhaupt (geb. am 31.7.1893 in Hamburg) und am 1.4.1923 bekamen sie einen Sohn Herbert (Heriberto Hasenberg Löwenhaupt). (54) Richard Hasenberg und seiner Familie gelang ebenfalls die Flucht nach Chile in den 30igern. (55) Richard und Annemarie Hasenberg starben in Santiago de Chile. Die Sterbedaten sind unbekannt. (56) Herbert starb am 4.3.1999 ebenfalls in Santiago de Chile. (57)

Max Hasenberg wurde als sechstes Kind am 26.1.1896 in Elmshorn geboren. Er besuchte von 1907 (VI) bis 1910 (IV) die „Bismarckschule". (58) Er war Handlungsgehilfe von Beruf (59) und nahm wie seine Brüder am 1. Weltkrieg teil. Er wurde am 29.9.1916 zunächst leicht, am 28.1.1918 dann schwer verwundet. (60) Max stand auf der Gedenktafel in der Synagoge. (61) In Hamburg heiratete er seine Frau Lola, geb. Weiner. (62) Max war nicht sehr gläubig, dennoch ist er der Hamburger jüdischen Gemeinde beigetreten. Sein Austrittsdatum war der 15.7.1942 (63), vermutlich wegen der Deportation. Max wurde in das KZ Theresienstadt deportiert. (64) Er überlebte das Lager und kehrte 1945 nach Hamburg zurück (65), wo er in den 60ern starb. (66)

Karl Hasenberg wurde am 25.2.1899 in Elmshorn als siebtes Kind geboren. (67) Nach dem Besuch der „Bismarckschule" 1909 (VI) bis 1910 (V) (68) hat er laut Christian Rostock im 1. Weltkrieg gekämpft. (69) Anschließend scheint er nach Hamburg verzogen zu sein. Er heiratete seine Frau Eva, geb. Löwenstein, geboren ca. 1903. Sie hatten ein Kind. (70) Mit dem Schiff „Albert Ballin" ist er dann als 25jähriger am 4. 5.1924 von Hamburg aus in die USA nach New York ausgewandert. (71) Nach Auskunft Bert Hillebrands soll er später in Belgien gewohnt haben. (72) Karl starb um 1970. (73)

Margarethe (Grete) Hasenberg wurde am 9.8.1900 in Elmshorn als achtes Kind in die Familie Hasenberg geboren. (74). Am 23.10.1925 heiratete sie den Kaufmann Fritz Hillebrand, geb. am 9.3.1898 in Wien. (75) Sie bekamen am 7.3.1931 in Elmshorn einen Sohn, Bert Hillebrand. (76)

„Im Jahr 1935 zogen wir zu meiner Tante Anni nach Berlin in Folge der Zwangsräumung unseres Hauses. (Anm.: Kirchenstraße 40) Im Jahre 1937 zogen wir nach Wien und vereinigten uns wieder mit meinem Vater, der schon vorher nach Wien gezogen war, da dieses die einzige Möglichkeit für eine Arbeit war. Im Juli 1939 wurde ich glücklicherweise mit einem Kindertransport nach England verschickt. Zunächst in ein orthodoxes jüdisches Heim für Flüchtlinge und nach der Evakuierung im September nach Ely (Cambridgeshire). (77) In dieser Zeit bekam meine Mutter, der es gelungen war, ein Visum für England zu erhalten, Sorge darüber, dass ich unglücklich war mit dem strikten und ungewohnten orthodoxen religiösen täglichen Leben und so arrangierte sie für mich einen Wechsel in ein nicht-religiöses englisches Heim für nicht-jüdische Evakuierte aus London. Nach ein paar Jahren wurde dieses Heim geschlossen und ich wurde bei einer lokalen englischen Familie untergebracht. Nach dem Waffenstillstand im May 1945 konnten alle Schulen, die aus London evakuiert waren, dorthin zurückkehren und so konnte ich wieder mit meiner Mutter in London zusammenleben.

Im Jahr 1939 konnte mein Vater kein englisches Visum erhalten und deshalb ging er nach Brüssel. Nach dem Krieg lehnte England neue Immigranten ab, so dass unsere Wiedervereinigung nach sieben Jahren im Dezember 1945 nur in Brüssel möglich war. So waren wir schließlich alle wieder zusammen, aber ohne Daueraufenthaltsgenehmigung. Da auch Belgien neue Immigranten zurückwies, lag eine Zukunft für uns nur in den USA, von wo Tante Herta und der Bruder meines Vaters Walter uns Affidavits (78) für die Unterstützung gaben. Die Aussicht war ermutigend, aber viele Tausend waren auf der Warteliste, so dass wir wieder sieben Jahre bis 1952 warten mussten, um im August 1952 nach Amerika zu kommen. Hier fanden wir ein Heim, wo wir willkommen waren und frei von Unsicherheit und Ängsten der vergangenen dreizehn Jahre. Aber es war die Zeit des Korea-Krieges, so dass ich, wie alle Männer, in die Armee eingezogen wurde und nach sechs Monaten Grundausbildung wurde ich einer Einheit in Deutschland zugewiesen, für den Rest des Jahres und ein halbes weiteres. Es war während dieser Zeit, dass ich auf einem Ausflug nach Dänemark, Karen, ein wundervolles dänisches Mädchen traf, welche nun 55 Jahre meine Frau ist. Wir haben drei Söhne und hatten ein gutes Leben in Amerika, doch mein ältester Sohn, der als Autist geboren wurde, benötigte eine brauchbare Mental-Einrichtung, so dass wir 1969 wieder auswandern mussten. Dieses Mal nach Dänemark, wo jemand in Karens Familie eine Einrichtung fand, wo er damit leben kann. So zogen wir nach Dänemark. Im Jahr 1968 wurde ich sehr krank, zunächst stationär, dann bettlägerig zu Haus für sechs Monate. All diese Faktoren machten es notwendig, dass wir uns in Sicherheit begaben." (79)

Grete Hasenberg und ihre Familie fuhren am 16.8.1952 mit dem Schiff „Italia" nach New York, wo sie am 27.8.1952 ankamen. (80) In New York arbeitete sie als ambulante Säuglingsschwester. (81) Grete verstarb am 3.3.1990 in Queens (New York). (82) Fritz Hillebrand verstarb am 31.7.1957 in New York. (83)

Das neunte Kind der Hasenbergs war Herta Hasenberg, die am 25.5.1903 in Elmshorn geboren wurde. (84) Herta heiratete in Elmshorn am 28.2.1930 den Vertreter Alex Helischkowski, der am 15. Dezember 1895 in Deutsch Krone (Walcz, Zachodniopomorskie, Polen) geboren wurde. (85) Herta arbeitete als Verkäuferin. (86)

li. Grete Hasenberg mit 15 Jahren.
Foto: Bert Hillebrand

Hertha, Lutz, und Ursula Helischkowski, Bild:
Familienarchiv Jeffrey E. Meyerson (USA), aus:
Meyerson, Jeffrey E., Stolperstein Duisburger
Strasse 12. Stolpersteine Berlin.

„Das Ehepaar nahm seinen Wohnsitz in Berlin, Alex war Spirituosenhändler.
Herta und Alex bekamen drei Kinder: Lutz (Louis) wurde am 9. Februar 1931 in
Berlin geboren, er starb am 12. Februar 2013 in Smyrna (Delaware, USA). Ur-
sula Henny (Ushi) wurde am 5. September 1934 in Berlin geboren. Gabriele
(Gaby) wurde am 26. Juli 1937 ebenfalls in Berlin geboren, sie starb am 6. Juni
2007 in Tampa (Florida, USA).
Die Familie wurde aus Berlin am 30. Oktober 1942 in das Ghetto
Theresienstadt deportiert. Während seiner Haft in Theresienstadt war Alex
offenbar aufsässig und wurde 10.12.1943 mit Arrest bestraft. Am 28.
September 1944 wurde Alex dann von Theresienstadt nach Auschwitz
weitertransportiert, wo er ermordet wurde. Es gibt Zeugnisse, dass Alex nicht
kräftig genug war, um zu arbeiten und daraufhin in einer der Gaskammern von
Birkenau getötet wurde. Seine Frau Herta und die drei Kinder blieben in

Theresienstadt am Leben, wurden befreit und kehrten vorübergehend nach Berlin zurück. Sie lebten bei Alex Bruder Dr. Siegmund Helischkowski, der am Jüdischen Krankenhaus tätig war. Herta und ihre Kinder emigrierten 1947 in die Vereinigten Staaten." (87)

Später heiratete Herta in zweiter Ehe Bruno Behr. Nach Aussagen von Christian Rostock und Bert Hillebrand verzog Hertha nach Santiago de Chile. (88) Sie zog in die USA zurück und verstarb dort am 4.7.1989 in St. Petersburg (Florida). Sie ist begraben auf dem Friedhof in Tampa. (89)

Anmerkungen:

1) Kennkarte, Personendatei Kirschninck
2) Posner, a.a.O.
3) Kennkarte, Personendatei Kirschninck
4) Ebenda
5) Personendatei Kirschninck
6) Gemeindeprotokolle, a.a.O., Vorstandssitzung 11. Juli 1905
7) Personendatei Kirschninck
8) Interview mit Kelting
9) Die Kommanditgesellschaft auf Aktien, oder kurz KGaA, ist in einigen Rechtsordnungen eine Rechtsform für Unternehmen. Sie verbindet Elemente der Aktiengesellschaft (AG) und der Kommanditgesellschaft (KG) miteinander. Bei der KGaA handelt es sich um eine Aktiengesellschaft, die an Stelle eines Vorstandes über persönlich haftende Gesellschafter (Komplementäre) verfügt. Obwohl die KGaA Merkmale einer Personengesellschaft aufweist, ist sie trotzdem eine Kapitalgesellschaft. Sie ist selbst eine rechtsfähige juristische Person. Die KGaA ist Handelsgesellschaft und somit Kaufmann im Sinne des Handelsgesetzbuchs. Die KGaA taucht häufig als GmbH & Co. KGaA oder als AG & Co. KGaA auf. In diesen Gestaltungen haftet regelmäßig keine natürliche Person unbeschränkt. Nach: Wikipedia
10) Personendatei Kirschninck
11) Blaue Kartei, Staatsarchiv HH (Steuerabgaben jüdische Gemeinde HH)
12) Personendatei Kirschninck
13) Archiv Bismarckschule
14) Kennkarte, nach Aussage von Christian Rostock betrieb er eine Wäscherei in der Kirchenstraße bzw. arbeitete dort
15) Gemeindeprotokolle

16)   Posner, a.a.O.; Das Verdienstkreuz für Kriegshilfe wurde am 5. Dezember 1916 von Kaiser Wilhelm II. gestiftet. Es konnte an alle Männer und Frauen verliehen werden, die sich im vaterländischen Hilfsdienst besonders ausgezeichnet hatten. Aus: Wikipedia

17)   Blaue Kartei, Staatsarchiv HH (Steuerabgaben jüdische Gemeinde HH)

18)   Ebenda

19)   Ebenda

20)   Geni.com; http://www.geni.com/people/William-Willy-Hasenberg/6000000015636037726

21)   Geni.com; http://www.geni.com/people/Toni-Hasenberg/6000000015666616528

22)   Archiv Bismarckschule Elmshorn

23)   Posner, a.a.O.

24)

25)   Aussagen Rudolf Baum

26)   Blaue Kartei, Staatsarchiv HH (Steuerabgaben jüdische Gemeinde HH)

27)   Privatdatei Kirschninck

28)   Vortrag Frau Irene Butter-Hasenberg in Laupheim 2014, zusammengefasst von Michael Schick in: Schick, Michael: Erinnerung an den Zug, der in die Freiheit fuhr. Die Geschichte und das Schicksal der Familie Hasenberg. http://www.ggg-lauphe-im.de/Berichte%20von%20Mitgl/100%20Hasenberg%20HP/100%20Hasenb erg.html Harald Kirschninck hat diesen Aufsatz der besseren Lesbarkeit wegen an einigen Stellen orthographisch und grammatikalisch verbessert. Irene ist Professor Emeritus of Public Health at the University of Michigan; verh. mit Charles Butter (Emeritus Professor of Psychology and Neuroscience at University of Michigan), hat zwei Kinder Pamela und Noah, ist sehr aktiv im Raoul Wallenberg Project at University of Michigan (University of Michigan Wallenberg Executive Committee)

29)   Jermies, Maximilian: John Hasenberg. In: Gegen das Vergessen, a.a.O., S. 26f

30)   Schick, Michael, a.a.O. Frau Butter-Hasenberg hat für das Projekt Oral History auch Audiodateien mit ihren Interviews veröffentlicht. Vgl.: http://holocaust.umd.umich.edu/butter/

31)   Das Polizeiliche Judendurchgangslager Westerbork war eines der beiden von den nationalsozialistischen Besatzern in den Niederlanden eingerichteten zentralen Durchgangslager[1] (KZ-Sammellager) für die Deportation niederländischer und sich in den Niederlanden aufhaltender deutscher Juden

in andere Konzentrations- und Vernichtungslager. In den Niederlanden ist der Begriff Kamp W. bzw. Concentratiekamp W. verbreitet. Nach: wikipedia

32) Das Konzentrationslager Bergen-Belsen lag im Ortsteil Belsen der Gemeinde Bergen im Kreis Celle (Niedersachsen).

33) Die Nothilfe- und Wiederaufbauverwaltung der Vereinten Nationen oder kurz UNRRA von engl. United Nations Relief and Rehabilitation Administration war eine Hilfsorganisation, die bereits während des Zweiten Weltkrieges am 9. November 1943 auf Initiative der USA, der Sowjetunion, Großbritanniens und Chinas gegründet wurde. Nach Kriegsende wurde sie von der UNO übernommen. Die UNRRA war in Europa bis zum 31. Dezember 1946 tätig und wurde dann durch die International Refugee Organization ersetzt. In Afrika, im Nahen Osten und China arbeitete sie bis zum 30. Juni 1947. Hauptaufgabe der UNRRA war die Unterstützung der Militäradministration bei der Repatriierung der sogenannten Displaced Persons (DP). Der UNRRA kam dabei die Aufgabe zu, die DP-Lager in den befreiten Gebieten zu betreuen. Für jedes Lager war ein UNRRA-Team zuständig, das der örtlichen Militärkommandantur unterstellt war. Die UNRRA ihrerseits war in den Lagern den nichtmilitärischen Hilfsorganisationen gegenüber, wie dem Roten Kreuz oder dem Joint Distribution Committee weisungsberechtigt. Nach Wikipedia.org. Der Begriff Displaced Person (DP; engl. für eine „Person, die nicht an diesem Ort beheimatet ist") wurde im Zweiten Weltkrieg vom Hauptquartier der alliierten Streitkräfte (SHAEF) geprägt. Damit wurde eine Zivilperson bezeichnet, die sich kriegsbedingt außerhalb ihres Heimatstaates aufhielt und ohne Hilfe nicht zurückkehren oder sich in einem anderen Land neu ansiedeln konnte. Nach wikipedia.org.

34) Philippeville ist eine ehemalige Festungsstadt und Gemeinde in der Provinz Namur im wallonischen Teil Belgiens. Nach: wikipedia.org

35) Vortrag Frau Irene Butter-Hasenberg in Laupheim 2014, zusammengefasst von Michael Schick in: Schick, Michael: Erinnerung an den Zug, der in die Freiheit fuhr. Die Geschichte und das Schicksal der Familie Hasenberg. http://www.ggg-lauphe-im.de/Berichte%20von%20Mitgl/100%20Hasenberg%20HP/100%20Hasenb erg.html
Harald Kirschninck hat diesen Aufsatz der besseren Lesbarkeit wegen an einigen Stellen orthographisch und grammatikalisch verbessert.

36) Annelies Marie „Anne" Frank (geboren 12. Juni 1929 in Frankfurt am Main als Anneliese[1] Marie Frank; gestorben Anfang März 1945 im KZ Bergen-Belsen) war ein jüdisches deutsches Mädchen, das 1934 mit seinen Eltern in die Niederlande auswanderte, um der Verfolgung durch die Nationalsozia-

listen zu entgehen, und kurz vor dem Kriegsende dem nationalsozialistischen Holocaust zum Opfer fiel. In den Niederlanden hatte sie ab Juli 1942 mit ihrer Familie in einem versteckten Hinterhaus in Amsterdam gelebt. In diesem Versteck hielt Anne Frank ihre Erlebnisse und Gedanken in einem Tagebuch fest, das nach dem Krieg als Tagebuch der Anne Frank von ihrem Vater Otto Frank veröffentlicht wurde. Nach: Wikipedia.org

37) Markiewicz, Agathe: Es ist wichtig, an die Toten zu erinnern. In: Schwäbische Zeitung v. 11.3.2014

38) ebenda

39) Kennkarte; Hochzeitsanzeige in Elmshorner Nachrichten vom 28.12.1919.

40) Email Bert Hillebrand an Kirschninck 28.5.2011

41) Brief Frieda Oppenheim an Christian Rostock

42) Kennkarte

43) Röschmann, a.a.O.

44) Posner,a.a.O.

45) Hamburger Adressbuch 1937 Abschnitt II, S.372: Otto Hasenberg, Hausmakler, Schlankreye 36

46) www.geni.com

47) Passenger and Crew Lists of Vessels Arriving at Seattle, Washington, 1890-1957.

48) Blaue Kartei, Staatsarchiv HH (Steuerabgaben jüdische Gemeinde HH)

49) California, Death Index

50) www.geni.com

51) Kennkarte; die Daten scheinen nicht plausibel. Otto ist geboren am 14.1.1895, Richard nur fünf Monate später am 27.6.1895.

52)

53) Kennkarte

54) www.geni.com

55) Email von Bert Hillebrand an Harald Kirschninck vom 28.5.2011

56) www.Geni.com

57) Ebenda

58) Archiv der Bismarckschule Elmshorn

59) Personendatei Kirschninck

60) Posner, a.a.O.

61)

62) My heritage.com

63) Blaue Kartei, Staatsarchiv HH (Steuerabgaben jüdische Gemeinde HH)

64) Max Hasenberg ist weder bei Yad Vashem, noch im Gedenkbuch des Bundesarchivs oder in dem Gedenkbuch von Gilles-Carlebach, a.a.O. zu finden.

65) Email Bert Hillebrand an Harald Kirschninck vom 28.5.2011

66) Ebenda

67) Kennkarte

68) Archiv Bismarckschule

69) Aussage Christian Rostock

70) www.geni.com

71) New York, Passenger Arrival Lists (Ellis Island)

72) Email Bert Hillebrand an Harald Kirschninck vom 28.5.2011

73) Email Bert Hillebrand an Harald Kirschninck vom 28.5.2011

74) Kennkarte

75) Kennkarte

76) Bert Hillebrand in Email an Harald Kirschninck vom 28.5.2011

77) Ely ist eine Stadt im Osten der Grafschaft Cambridgeshire in East Anglia, England. Der Hauptort der Isle of Ely zählt 20.256 Einwohner (Stand: 2011) und ist Sitz der anglikanischen Diözese Ely, nach wikipedia

78) Affidavits waren Bürgschaften von US-Bürgern für Einwanderer in die USA

79) Bert Hillebrand in Email an Harald Kirschninck vom 28.5.2011, Übersetzung aus dem Englischen durch Kirschninck

80) Passenger and Crew Lists of Vessels Arriving at New York, NY, 1897-1957

81) Nach Christian Rostock

82) www.geni.com

83) www.geni.com

84) Kennkarte

85) Kennkarte und Meyerson, Jeffrey E.: Stolperstein Duisburger Strasse 12. Stolpersteine Berlin.

86) Nach Christian Rostock und Frau Andresen

87) Meyerson, Jeffrey E., Stolperstein Duisburger Strasse 12. Stolpersteine Berlin.

88) Dover Post vom 13.2.2013
http://www.doverpost.com/article/20130213/Obituaries/130219905

89) ebenda

Foto: Bert Sommer   Foto: Bert Sommer

Name:	Markus Lippstadt
Jüd. Name:	Mordechai ben Zwi
Geboren:	27.12.1840 in Elmshorn
Gestorben:	3.2.1919 in Elmshorn (3. Adar I 5679)
Eltern:	Viehhändler Hirsch Lippstadt und Fanny, geb. Sußmann
Ehepartner:	Fanny, geb. Ascher
Kinder:	Albert (1869), Josef (später: Julius) 1871, Martin (1873), Flora (1875), Hermine (1876)
Wohnort:	Holstenstr. 19 in Elmshorn (1)
Beruf	Viehhändler

פ״נ   Hier ist begraben

האיש מרדכי בר צבי   der Mann Mordechai, Sohn des Zwi,

מת בג׳ אדר ראשון   gestorben am 3. des ersten Adar 679 der kleinen Zäh-

תרע״ט לפ״ק   lung

ונקבר ביום ו׳ בו׳ בו   und begraben am Tag 6, dem 6. desselben Monats.

לחדש

תנצב״ה   Seine Seele sei eingebunden in das Bündel des Lebens

Rückseite

Ruhestätte

für

Markus Lippstadt

geb. d. 27. Dez. 1840,

gest. d. 3. Febr. 1919.   10

Friede seiner Asche.

Hüttenmeister, Nathanja: Digitale Edition – Jüdischer Friedhof Elmshorn, elm-51
URL: http://www.steinheim-institut.de/cgi-bin/epidat?id=elm-46

Markus Lippstadt wurde am 27.12.1840 in Elmshorn als Sohn des Viehhändlers Hirsch Lippstadt und Fanny Sussmann geboren. Er wohnte in der Holstenstraße 19 und machte eine Ausbildung zum Viehhändler. Er heiratete am 10.5.1868 Fanny Ascher und sie bekamen fünf Kinder: Albert (1869), Julius (Josef) (1871), Martin (1873), Flora (1875) und Hermine (1876).

Markus Lippstadt war ein sehr geachteter Mann, sowohl in der Gemeinde als auch in der Stadt Elmshorn, was sich auch in der Anzahl der Ehrenämter niederschlug. Er bekleidete 1863 das Amt des Schulvorstehers in der Gemeinde (3) und war 1871, 1892 und 1898 im Vorstand. (4) Im „Elmshorner Männer-Turnverein (EMTV)" war er seit dem 16.6.1866 Mitglied. (5) Bis 1899 war Markus Stadtver-ordneter, lehnte am 16.11.1899 die Wiederwahl ab und schied aus. (6) 1901 war er in der Armenverwaltung von Elmshorn engagiert (7) und saß 1912 in der Vertretung des Gesamt-Armenverbandes Elmshorn. (8) Im Jahr 1916 war er auch amtlicher Sachverständiger in der Preisprüfungsstelle. (9) Am 23.11.1881 unterschrieb Markus Lippstadt einen Wahlaufruf für den Kandidaten Bornhöft zur Bürgermeisterwahl in den „Elmshorner Nachrichten" (10) und am 28.11.1881 engagierte er sich in einer Anzeige für denselben. (11)

1914 trug er sich in das Goldene Buch des „Roten Kreuzes" im 1. Weltkrieg ein. (12) Am 3.2.1919 verstarb Markus Lippstadt im Alter von 79 Jahren an Arterienverkalkung und Gehirnerweichung. (13)

Seine Frau Fanny Lippstadt, geboren am 6.6.1845 in Elmshorn als Tochter des Kaufmanns Joseph Ascher und Rieke, geb. Emden, verstarb am 22.4.1898 in Elmshorn an den Folgen einer Bauchwassersucht. (14)

Familienangehörige von Markus Lippstadt auf dem Friedhof sind:

Bruder: Kallmann Lippstadt (Grabst. 71)
Schwester: Bertha Lippstadt (Grabst. 50)
Gattin: Fanny Lippstadt geb. Ascher (Grabst. 85)

Anmerkungen:

1)	Kennkarte, Personendatei Kirschninck, Hand- und Adressbuch des Kreises Pinneberg 1903 (Seite 250)
2)	Zivilstandsregister der Jüdischen Gemeinde Elmshorn
3)	Protokollbuch der Jüdischen Gemeinde Elmshorn
4)	Ebenda; Posner a.a.O.
5)	Röschmann, 75 Jahre EMTV, a.a.O.
6)	LAS Abt. 309 Nr. 21592, Posner, a.a.O.
7)	Amtliche Nachrichten des Kreises Pinneberg, 1903
8)	Amtliche Nachrichten des Kreises Pinneberg, 1912
9)	Amtliche Nachrichten des Kreises Pinneberg, 1916
10)	Elmshorner Nachrichten v. 23.11.1881
11)	Elmshorner Nachrichten v. 28.11.1881
12)	Goldenes Buch des Roten Kreuzes Elmshorn im 1. Weltkrieg
13)	Zivilstandsregister der Jüdischen Gemeinde Elmshorn
14)	Personendatei Kirschninck, Zivilstandsregister der Jüdischen Gemeinde Elmshorn

Bibliografie

Kirschninck, Harald: Der Zug ohne Wiederkehr. - Deportation jüdischer Mitbürger von Elmshorn. Norderstedt 2017.

Kirschninck, Harald: Die Geschichte der Juden in Elmshorn. 1685-1918. Band 1. Norderstedt 2017.

Kirschninck, Harald: Die Geschichte der Juden in Elmshorn. 1918-1945. Band 2. Norderstedt 2017.

Kirschninck, Harald: Juden in Elmshorn, Teil 1: Diskriminierung. Verfolgung. Vernichtung, Elmshorn 1996. (Beiträge zur Elmshorner Geschichte Band 9).

Kirschninck, Harald: Juden in Elmshorn, Teil 2: Isolierung. Assimilation. Emanzipation. Elmshorn 1999. (Beiträge zur Elmshorner Geschichte, Band 12).

Kirschninck, Harald: Beth ha Chajim. Haus des ewigen Lebens. Ein Besuch auf dem jüdischen Friedhof von Elmshorn. Norderstedt 2019.

Kirschninck, Harald: Was können uns die Gräber erzählen? Biografien und Geschichten hinter den Grabsteinen des jüdischen Friedhofes von Elmshorn. Band 1. Norderstedt 2018.

Kirschninck, Harald: Was können uns die Gräber erzählen? Biografien und Geschichten hinter den Grabsteinen des jüdischen Friedhofes von Elmshorn. Band 2. Norderstedt 2018.

Kirschninck, Harald: Zur Geschichte der Jüdischen Gemeinde Elmshorn bis 1869. in: Stadt Elmshorn (Hrsg.): Beiträge zur Elmshorner Geschichte. Band 1. Elmshorn 1987.

Kirschninck, Harald: Zur Geschichte der Jüdischen Gemeinde Elmshorn. Teil II. Von der Emanzipation bis zur Vernichtung.
in: Stadt Elmshorn (Hrsg.): Beiträge zur Elmshorner Geschichte. Band 2. Elmshorn 1988.

Kirschninck, Harald: Beth ha Chajim - Zur Geschichte des jüdischen Friedhofes in Elmshorn. in: Stadt Elmshorn (Hrsg.): Beiträge zur Elmshorner Geschichte. Band 3. Elmshorn 1989

Kirschninck, Harald: „Wer beim Juden kauft, ist ein Volksverräter!". Der Untergang der jüdischen Gemeinde Elmshorn. In: Gerhard Paul / Miriam Carlebach (Hrsg.): Menora und Hakenkreuz. Zur Geschichte der Juden in und aus Schleswig-Holstein, Lübeck und Altona 1918 – 1998. Neumünster 1998. S. 283 – 296.

Kirschninck, Harald: Die Juden in Elmshorn während des Dritten Reiches. in: Bringmann/Diercks: Die Freiheit lebt. Antifaschistischer Widerstand und Naziterror in Elmshorn und Umgebung 1933 - 1945. 702 Jahre Haft für Antifaschisten. Frankfurt 1983.

Kirschninck, Harald: Die Juden in Elmshorn während des Dritten Reiches. in: Heimatverband für den Kreis Pinneberg e.V. (Hrsg.): Jahrbuch für den Kreis Pinneberg 1984. Pinneberg 1983.

Kirschninck, Harald: Die Jüdische Gemeinde Elmshorn. in: Lorenzen-Schmidt (Hrsg.): Bei uns.... 1933 - 1945. Eine Broschüre zur gleichnamigen Ausstellung. Engelbrechtsche Wildnis 1983.

Schleswig-Holsteinischer Heimatbund (Hrsg.): Kirschninck, Harald: Beth ha Chajim – Das Haus des ewigen Lebens. Die Geschichte des jüdischen Friedhofes in Elmshorn. In: Schleswig-Holstein. Kultur. Geschichte. Natur. Sonderdruck zum Schleswig-Holstein Tag 1998. Husum 1998. S. 68 f.

Kirschninck, Harald: Niederlassung in Itzehoe. In: Ritter / Fischer (Hrsg.): Jüdische Kultur. Steinburger Jahrbuch 2002. 46. Jg. Itzehoe 2001. S. 114 – 130.

Kirschninck, Harald: Elmshorn. Zur Geschichte des Friedhofes. In: www.alemannia-judaica.de/schleswig_holstein_friedhoefe.htm

Kirschninck, Harald: Wo sind sie geblieben? Wohin Elmshorner Juden von den Nationalsozialisten verschleppt wurden. In: Arbeitsgemeinschaft „Stolpersteine für Elmshorn". Elmshorn 2008.

Kirschninck, Harald: Albert Hirsch. In: Arbeitsgemeinschaft „Stolpersteine für Elmshorn". Elmshorn 2008.

Kirschninck, Harald: Karl Löwenstein. John Löwenstein. Selma Levi, geb. Löwenstein. In: Arbeitsgemeinschaft „Stolpersteine für Elmshorn". Elmshorn 2008.

Quellen und Literaturverzeichnis

Internet

http://calendar.zoznam.sk/jewish_calendar-de.php?ly=1813

http://www.hamburg.de/ballinstadt/280324/flucht-und-vertreibung-1933-1941/

http://www.postmortal.de/Religionen/Juden/JuedischeGrabmalsymbolik/juedischegrabmalsymbolik.html

http://spurensuche.steinheim-institut.org/jsymb.html

"Find A Grave Index," index, *FamilySearch* (https://familysearch.org/ark:/61903/1:1:QV2B-3VS3 : accessed 17 April 2015), Max Ely, 1954; Burial, Mobile, Mobile, Alabama, United States of America, Springhill Avenue Temple Cemetery; citing record ID 81060236, *Find a Grave*, http://www.findagrave.com.

"New Hampshire, Death Certificates, 1938-1959," index and images, *FamilySearch* (https://familysearch.org/pal:/MM9.1.1/QV37-MW5F : accessed 15 February 2015), Olga Lippstadt, 28 Dec 1958; citing Laconia, Belknap, New Hampshire, United States, p. No 5924-6417, New Hampshire Division of Vital Records, Concord.

"New York, New York Passenger and Crew Lists, 1909, 1925-1957," index and images, *FamilySearch* (https://familysearch.org/ark:/61903/1:1:242T-JZY : accessed 17 April 2015), John Ely, 1939; citing Immigration, New York, New York, United States, NARA microfilm publication T715 (Washington, D.C.: National Archives and Records Administration, n.d.); FHL microfilm 1,758,154.

"New York, Passenger Arrival Lists (Ellis Island), 1892-1924," index, *FamilySearch* (https://familysearch.org/ark:/61903/1:1:JNKT-1J6 : accessed 19 May 2015), Gustav Ely, 13 May 1922; citing departure port Rotterdam, arrival port New York, ship name Ryndam, NARA microfilm publication T715 and M237 (Washington D.C.: National Archives and Records Administration, n.d.).

"New York, Passenger Lists, 1820-1891," index and images, *FamilySearch* (https://familysearch.org/ark:/61903/1:1:QVSV-CQSV : accessed 24 April 2015), Max Ely, 1885; citing NARA microfilm publication M237 (Washington, D.C.: National Archives and Records Administration, n.d.); FHL microfilm .

"United States Census, 1900," index and images, *FamilySearch* (https://familysearch.org/ark:/61903/1:1:M9D8-4VY : accessed 24 April 2015), Max Ely in household of Morris Ely, Demopolis Demopolis city, Marengo, Alabama, United States; citing sheet 9B, family 246, NARA microfilm publication T623 (Washington, D.C.: National Archives and Records Administration, n.d.); FHL microfilm 1,240,029.

"United States Census, 1910," index and images, *FamilySearch* (https://familysearch.org/ark:/61903/1:1:MK7X-GPY : accessed 24 April 2015), Max Ely, Demopolis, Marengo, Alabama, United States; citing enumeration district (ED) 40, sheet 21B, family 595, NARA microfilm publication T624 (Washington, D.C.: National Archives and Records Administration, n.d.); FHL microfilm 1,374,037. "Alabama, County Marriages, 1809-1950," index and images, *FamilySearch* (https://familysearch.org/ark:/61903/1:1:VRVQ-5S6 : accessed 24 April 2015)

"United States Census, 1920," index and images, *FamilySearch* (https://familysearch.org/ark:/61903/1:1:MXD4-9HT : accessed 24 April 2015), Max Ely, Montgomery Ward 2, Montgomery, Alabama, United States; citing sheet 6A, family 159, NARA microfilm publication T625 (Washington D.C.: National Archives and Records Administration, n.d.); FHL microfilm 1,820,036.

"United States Census, 1940," index and images, *FamilySearch* (https://familysearch.org/pal:/MM9.1.1/V1PV-BDF : accessed 24 April 2015), Max Ely, Ward 8, Mobile, Mobile City, Mobile, Alabama, United States; citing enumeration district (ED) 49-106, sheet 13B, family 284, NARA digital publication T627 (Washington, D.C.: National Archives and Records Administration, 2012), roll 65.

Ancestry.com. *California, Passenger and Crew Lists, 1882-1959* [database on-line]. Provo, UT, USA: Ancestry.com Operations Inc, 2008. Original data: *Selected Passenger and Crew Lists and Manifests*. National Archives, Washington, D.C.

Index to Naturalization Petitions of the United States District Court for the Eastern District of New York, 1865-1957 , Partner-Veröffentlichungsnummer: M1164 , Partner-Filmnummer: 86
Number: *065-24-7371*; Issue State: *New York*; Issue Date: *Before 1951.*Ancestry.com. *U.S., Social Security Death Index, 1935-2014* [database on-line]. Provo, UT, USA: Ancestry.com Operations Inc, 2011. Original data: Social Security Administration. *Social Security Death Index, Master File*. Social Security Administration.

The National Archives and Records Administration; Washington, D.C.; *Petitions for Naturalization from the U.S. District Court for the Southern District of New York, 1897-1944*; Series: *M1972*; Roll: *1422* Source Information: Ancestry.com. *New York, Naturalization Records, 1882-1944* [database on-line]. Provo, UT, USA: Ancestry.com Operations, Inc., 2012.Number: *114-05-1316*; Issue State: *New York*; Issue Date: *Before 1951* Ancestry.com. *U.S., Social Security Death Index, 1935-2014* [database on-line]. Provo, UT, USA: Ancestry.com Operations Inc, 2011.

Year: *1940*; Arrival: *New York, New York*; Microfilm Serial: *T715, 1897-1957*; Microfilm Roll: *Roll 6448*; Line: *9*; Page Number: *19* Ancestry.com. *New York, Passenger Lists, 1820-1957* [database on-line]. Provo, UT, USA: Ancestry.com Operations, Inc., 2010. Original data: *Passenger Lists of Vessels Arriving at New York, New York, 1820-1897.* Microfilm Publication M237, 675 rolls. NAI: 6256867. Records of the U.S. Customs Service, Record Group 36. National Archives at Washington, D.C. *Passenger and Crew Lists of Vessels Arriving at New York, New York, 1897-1957.* Microfilm Publication T715, 8892 rolls. NAI: 300346. Records of the Immigration and Naturalization Service; National Archives at Washington, D.C.

geni.com Stichwort Hildegard Conrad.

https://books.google.de/books?id=hOU1AQAAMAAJ&hl=de&pg=PT1221&img=1&zoom=3&sig=ACfU3U35cfGH_LmCdAH2OdJ2P-G56sfShQ&ci=143%2C596%2C427%2C288&edge=0. 29.9.1827 nr. 156 Staats- und gelehrte Zeitung des hamburgischen unpartheyischen Correspondenten.

Quellen

Adressbuch 1810

Akte Schutzjuden, Museum Elmshorn

Amtliche Nachrichten des Kreises Pinneberg, 1903

Amtliche Nachrichten des Kreises Pinneberg, 1912

Amtliche Nachrichten des Kreises Pinneberg, 1916

Archiv Bismarckschule

Bericht Stadtverwaltung Elmshorn

Bericht über Verwaltung der Stadt Elmshorn.1903-1914.

Besprechung der Beigeordneten v. 12.12.1938

Besprechung der Beigeordneten v. 21.3.1939

Blaue Kartei, Staatsarchiv HH (Steuerabgaben jüdische Gemeinde HH)

Butter-Hasenberg, Irene: Vortrag in Laupheim 2014, zusammengefasst von Michael Schick in: Schick, Michael: Erinnerung an den Zug, der in die Freiheit fuhr. Die Geschichte und das Schicksal der Familie Hasenberg. http://www.ggg- Schick, Michael, a.a.O. Frau Butter-Hasenberg hat für das Projekt Oral History auch Audiodateien mit ihren Interviews veröffentlicht. Vgl.:
http://holocaust.umd.umich.edu/butter/laupheim.de/Berichte%20von%20Mitgl/100%20Hasenberg%20HP/100%20Hasenberg.html

Chronik des EMTV 75 Jahre

Corp. Const. Hols. Bd. I

Corp. Const. Hols. Bd. II

Dänischer Census 1803

Dok. 374-PS im Nürnberger Prozess gegen die Hauptkriegsverbrecher, Aus einem Bericht des Obersten Parteigerichts an Göring vom 3.Febr. 1939.- Dokument 3063PS im Nürnberger Prozess gegen die Hauptkriegsverbrecher.

Elmshorner Nachrichten v. 23.11.1881

Elmshorner Nachrichten v. 28.11.1881

Friedhofsbuch. Stadtarchiv Elmshorn

Gemeindeprotokolle der Jüdischen Gemeinde Elmshorn, Stadtarchiv

Goldenes Buch des Roten Kreuzes Elmshorn im 1. Weltkrieg. Stadtarchiv Elmshorn

Hamburger Adressbuch 1937 Abschnitt II

Hand- und Adressbuch des Kreises Pinneberg 1903

Im deutschen Reich.1910. Heft 2

Israelitischer Kalender für Schleswig-Holstein für das Jahr 5687 n. E. d. W. Vom 9. Septbr. 1926 bis zum 26. Septbr. 1927. Altona 1926 Kennkarten. Stadtarchiv Elmshorn

LAS 410,290. Bericht für Monat Februar.

LAS Abt. 309 Nr. 17516

LAS Abt. 309 Nr. 21592

LAS Abt. 309 Nr. 21739

LAS Abt. 65.2 Nr. 3629 II

LAS Abt. 65.2 Nr..440 II

LAS Abt. 65.2 Nr. 440 III

LAS Abt. 65.1 Nr. 1481

LAS Abt .66 Nr 4768

Leo Baeck Institut. New York. Sammlung Oppenheim.

Marktstätte-Gelder, Stadtarchiv

My heritage.com

Posner, A.: Zur Geschichte der Jüdischen Gemeinde und der Jüdischen Familien in Elmshorn. CAHJP P 40/32,1. RGBl 1935.I.

Protokolle des Magistrats der Stadt Elmshorn (PM)

RDBl 1938.I.

SA G3110.001-009

Stadtarchiv Elmshorn A110/1-4

Stadtarchiv Elmshorn Abt. A3 Nr. 376/0

Stadtarchiv Elmshorn, A119/40-11

The Central Archives for The History of the Jewish People, Jerusalem (CAHJP) P 40/ 32 - 3,2.

Volkszahlregister 1803. Stadtarchiv Elmshorn

Volkszahlregister 1840. Stadtarchiv Elmshorn

Schutzgeldliste 1839. Stadtarchiv Elmshorn

Zivilstandsregister der Jüdischen Gemeinde Elmshorn

Literatur

Arndt, Carl: 1869-1969. Hundert Jahre Bismarckschule. Ein Beitrag zur Schulgeschichte des Landes Schleswig-Holstein und der Stadt Elmshorn. Elmshorn 1969.

Böhnke, Bärbel: Lederfabrikation-größter Industriezweig Elmshorns. In: Stadt Elmshorn (Hrsg.): Beiträge zur Elmshorner Geschichte. Bd. 10. Industriemuseum Elmshorn. Geschichten von Arbeit und Alltag. Elmshorn 1997.

Bringmann/Diercks: Die Freiheit lebt. Antifaschistischer Widerstand und Naziterror in Elmshorn und Umgebung 1933 - 1945. 702 Jahre Haft für Antifaschisten. Frankfurt 1983.

Das Album der Christian-Albrechts-Universität zu Kiel 1665 – 1865. Digitale Bestände der Universitätsbibliothek

Drobisch, Klaus u.a.: Juden unterm Hakenkreuz. Verfolgung und Ausrottung der deutschen Juden 1933 - 1945. Berlin 1973

Hüttenmeister, Nathanja: http://www.steinheim-institut.de:80/cgi-bin/epidat?

Jewish Society of New Haven Inc, Jews in New Haven, Vol. V., Judith A. Schiff: Minna Kleeberg: A Poet for all the world, New Haven 1988

Jüdische Symbolik. Museum Schloß Graubheim. Pädagogischer Arbeitskreis.

Kellenbenz, Hermann: Sephardim an der unteren Elbe. Ihre wirtschaftliche und politische Bedeutung vom Ende des 16. bis zum Beginn des 18. Jahrhunderts. Wiesbaden 1958. (Beihefte der Vierteljahrschrift für Sozial- und Wirtschaftsgeschichte. Band 40).

Kirschninck, Harald: Die Geschichte der Juden in Elmshorn. 1685-1918. Isolierung. Assimilation. Emanzipation. Band 1. Norderstedt 2017

Kirschninck, Harald: Der Zug ohne Wiederkehr. - Deportation jüdischer Mitbürger von Elmshorn. Norderstedt 2017.

Kirschninck, Harald: Die Geschichte der Juden in Elmshorn. 1685-1918. Band 1. Norderstedt 2017. Kirschninck, Harald: Die Geschichte der Juden in Elmshorn. 1918-1945. Band 2. Norderstedt 2017.

Kirschninck, Harald: Juden in Elmshorn, Teil 1: Diskriminierung. Verfolgung. Vernichtung, Elmshorn 1996. (Beiträge zur Elmshorner Geschichte Band 9).

Kirschninck, Harald: Juden in Elmshorn, Teil 2: Isolierung. Assimilation. Emanzipation. Elmshorn 1999. (Beiträge zur Elmshorner Geschichte, Band 12).

Kirschninck, Harald: Ein Streifzug über den Jüdischen Friedhof von Elmshorn. Norderstedt 2019.

Kirschninck, Harald: Was können uns die Gräber erzählen? Biografien und Geschichten hinter den Grabsteinen des jüdischen Friedhofes von Elmshorn. Band 1. Elmshorn 2018.

Kirschninck, Harald: Was können uns die Gräber erzählen? Biografien und Geschichten hinter den Grabsteinen des jüdischen Friedhofes von Elmshorn. Band 2. Elmshorn 2018.

Kirschninck, Harald: Wo sind sie geblieben? Wohin Elmshorner Juden von den Nationalsozialisten verschleppt wurden. In: Arbeitsgemeinschaft „Stolpersteine für Elmshorn". Elmshorn 2008.

Markiewicz, Agathe: Es ist wichtig, an die Toten zu erinnern. In: Schwäbische Zeitung v. 11.3.2014

Oppenheimer u.a.: Als die Synagogen brannten. Zur Funktion des Antisemitismus gestern und heute. Frankfurt a.M. 1978

Philo-Lexikon: Handbuch des jüdischen Wissens. Unveränd. Nachdr. d. 3. vermehrten und verb. Aufl. von 1936. Königstein/Ts. 1982

Rauert, Matthias H.T.: Die Grafschaft Rantzau. Altona 1840. Neudruck Elmshorn 1983

Rehn, Marie-Elisabeth: Juden in Süderdithmarschen. Fremde im eigenen Land. Herzogtum Holstein 1799-1858. Konstanz 2003.

Röschmann, J.: 75 Jahre Elmshorner-Männerturnverein. 1860-1935. Elmshorn 1935.

Schrader, Ulrike: Es steh'n diese Hallen in Ewigkeit! Die Einweihung der Elberfelder Synagoge vor 140 Jahren und die Dichterin Minna Kleeberg, o.O., o.J.

Struve. Elmshorner Hausbesitzer im Jahre 1830, AdeH Aug 1931

Vogel, Rolf: Ein Stempel hat gefehlt. Dokumente zur Emigration deutscher Juden. München 1977